远在巴西

Far away in Brazil

季元／著

北京时代华文书局

图书在版编目（CIP）数据

远在巴西 / 季元著. -- 北京 : 北京时代华文书局, 2017.7
ISBN 978-7-5699-1732-1

Ⅰ. ①远… Ⅱ. ①季… Ⅲ. ①巴西—概况 Ⅳ. ① K977.7

中国版本图书馆 CIP 数据核字（2017）第 164947 号

远 在 巴 西

YUANZAI BAXI

著　　者 | 季　元

出 版 人 | 王训海
选题策划 | 张　科
责任编辑 | 张　科
摄　　影 | 季怀玉
装帧设计 | 孙丽莉　赵芝英
责任印制 | 刘　银

出版发行 | 北京时代华文书局 http://www.bjsdsj.com.cn
北京市东城区安定门外大街 136 号皇城国际大厦 A 座 8 楼
邮编：100011　电话：010-64267955　64267677
印　　刷 | 小森印刷（北京）有限公司　010-80215073
（如发现印装质量问题，请与印刷厂联系调换）
开　　本 | 787mm×1092mm　1/16　印　　张 | 14.75　字　　数 | 201 千字
版　　次 | 2017 年 9 月第 1 版　印　　次 | 2017 年 9 月第 1 次印刷
书　　号 | ISBN 978-7-5699-1732-1
定　　价 | 48.00 元

感谢我的家人，
感谢中国银行，
鸣谢季怀玉提供精彩照片。

写在前面

常听人说：一千个读者就有一千个哈姆雷特。我相信每个与巴西结缘的人眼里都会有属于自己的巴西！

不知是为了对自己有个交代，还是不想辜负了这几年的得失，抑或是冥冥中的注定，我一直想写点什么，纪念并继续这段误打误撞、世相迷离、寒暑颠倒、真实如梦的异国之旅。从冒出写此书的念头到完稿，用了三年多业余时间，期间几度半途而废。书中既有亲身经历，也有仔细考证，还有一些道听途说，相信还有风马牛不相及，谬误自不待言。既然写不出《未来之国》这样的经典之作，就姑且信“笔”由缰，用惯写公文的笔写了这本四不像的书。

父执笔，子持镜。以飨来者，不问功过。往事以往，任由评说。

目 录
CONTENTS

巴西圣保罗大教堂

代序：Olá[1]！圣保罗

初识圣保罗

来巴西之前，我做了一些功课，可到了这之后我才发现，“那些功课”是远远不够的。

圣保罗，巴西最大的城市，也最能代表巴西。1822年，佩德罗一世在圣保罗宣布巴西独立，发出了“不独立，毋宁死”的誓言。透过这里满墙的各式涂鸦，带给人们强烈的视觉冲击。享誉南美的保利斯塔大街见证了巴西经济的几度兴衰。每天，我都要途径这条著名的大街，我渐渐地感受到了她的呼吸。媲美纽约中央公园的伊比拉普埃拉公园（Ibirapuera Park）、商贩云集的共和广场、周末必去的东方自由区（Liberdade）、摩肩接踵的各类市场，还有足球场、博物馆、歌剧院、赛马场、红灯区，每一处都为圣保罗贴上了特色标签。

巴西是一个没有种族歧视的国家，作为巴西的“老外”，我丝毫没感受到在中国的老外走在大街上的那种被关注度。当地人见面拥抱、贴面、亲吻就像我们中国人握手一样自然，满大街的女士轻衣短裙，根本不在意你那不知往哪儿看的飘移的眼神。

---

① Olá：葡萄牙语“你好”。

■ 圣保罗伊比拉普埃拉公园里的大榕树

率性巴西人

巴西人最典型的性格特征就是热情大方、开朗乐天。他们有很强的随意性，崇尚自由奔放，同时，他们还具有超乎寻常的想象力。即使是初次见面，你也能体会到巴西人的热情，如果语言沟通无障碍，巴西人很愿意跟你海聊神侃。在圣保罗的家里，我聘请了一名保洁人员，每月两次到家里清理卫生，我戏称之为“洋少妇”，实际上她是一位体态臃肿、肤色偏黑的中年妇女。可令我惊讶的是，像她这般从事家政行业的人，曾经还录制过自己的唱片，而且封面上的她衣着暴露，花枝招展，丝毫看不出她是干这行的。

巴西有很强的包容性。例如，每年一度的同性恋大游行上，各类光怪陆离的造型令人目不暇接；你能在各种场合看到很多“左撇子”；当地人用餐、写字的姿势也是千奇百怪；像孩子一样吃手指的人随处可见。不知是何原因，大街上抽烟的女士远多于男士，刺青的人也比比皆是，甚至刺在脸上的也不鲜见。据说这里的女孩一出生，医院就会为她扎耳洞。在开放式办公区，当地员工有时甚至会跪在你旁边跟你商量事情，他们认为怎么舒服就怎么来，可他们无法理解中国的三叩九拜。所以，个别中国人是做事给老板看，巴西人更多的是出于自愿和喜欢。

物华天宝国

巴西物产丰富，是世界资源和能源大国，拥有全球12%的淡水，耕地面积据说只用了30%。不仅如此，巴西还具有成为全球性大国必须具备的农业资源。

这里基本上没有天灾，其得天独厚的环境，使得世人羡慕说：“上帝是巴西人！”因而，巴西的饮食种类应有尽有，尤其是在圣保罗，只有想不到，没有吃不到。例如，巴西烤肉、公斤饭、奴隶饭、各式甜点、面包，特别是奶酪面包（pão de queijo）百吃不厌；宝石、蝴蝶盘、咖啡、巧克力、绿蜂胶等，都是馈赠亲朋的绝佳礼品。由于巴西的制造业缺乏竞争力，工业体系惨不忍睹，从而造成商品短缺，像手机自拍杆这种技术含量较低的商品也全部来自中国。

■ 圣保罗人博物馆，巴西圣保罗大学下属的一座博物馆

■ 圣保罗建筑墙体巨幅涂鸦

■ 巴西拓荒者群雕

圣保罗气候宜人

■ 圣保罗街头抗议对女性施暴活动的市民

友善巴西人

“老巴西”经常说：“巴西人有热情无感情。”其实不然，一对来巴西自助游的老夫妻说：“巴西遍地活雷锋。”举个例子：我的一位同事有一次在小镇上迷路了，他拿着写好的车站地址去路边的小面包店问路，因为语言不通，店老板索性径直步行十几分钟带他去了车站。在这个车站，同事又询问了一位老者去圣保罗的班次，这位老者错过了自己的班车，先送他上了车。相反的，我接触过很多华人，反倒觉得鱼龙混杂。有一次，我在华人餐厅偶遇国内的旅游团用餐，我习惯性地向他们微笑打招呼，可换来的却是冷漠的表情，感叹一些国人戾气太重已经习以为常。

巴西人有一个好习惯，他们经常向对方竖起大拇指，以示赞扬或是感谢，相比之下，国人就没这么大方了。巴西司机在临近人行道时，会主动招手让行人先行。常去的早餐店，店员榨果汁时偶尔会有超过一杯的量，他会等你喝一口后再续上而不加钱。我经常看到乞丐到餐厅里来乞讨，令人惊讶的是，店员或老板会递上现卖的面包和牛奶、咖啡，不会给残羹冷炙。巴西宗教的人文关怀和严格的立法要求，使得公共场所各类残障服务设施齐全，即使在足球场上也有专门的轮椅看台。

上帝灯下黑

尽管如此，巴西的治安问题一直为各界诟病。这里毒品泛滥，当你漫步街头，不经意间就能闻到大麻的味道。恶劣的治安主要集中在圣保罗和里约热内卢这两大城市，基本呈“跷跷板”态势，发案率随着打击力度此起彼伏。我认为，这其实是巴西贫富差距大、教育保障等社会资源分配不均造成的结果。这就使得保险公司、保安公司、安保器材产业在巴西占据了重要地位，这种治安状况在一

定程度上带给他们利益。尽管政府采取了很多措施，但收效甚微。巴西民主政体相对稳定，即使出现弹劾这种极端情况，政府依然更迭有序。

作为民主国家和劳工友好型社会，每年各行各业都纷纷组织各类罢工，人们走上街头敲锣打鼓、散发传单、游行示威，为劳工争取待遇，劳资双方的谈判经常耗时数月。巴西人的随意性和懒散充分体现在他们的做事风格和效率上，拖沓、迟到在各种场合司空见惯，每年12月进入休假季，很多单位包括政府机构常常无人办公。为此巴西人给人留下了一种“不靠谱”的印象。

巴西人对足球的痴迷是世人皆知的，一个爱玩的国

■ 圣保罗是巴西乃至南半球最大的都市

家，通常不会有多大“出息”。但在这里待久了，你会发现，很多制度安排或是规则设计非常有意思，也体现了巴西人的聪明和先进之处，例如，在各种情况下被广泛使用唯一性的税号（公司为CNPJ号码，个人为CPF号码）；作为员工收入的一部分的餐卡、超市卡，以及普通员工才有的既可买书又可买电影票的文化卡，不仅便利，而且促进消费。他们偏安一隅，爱护环境，珍惜资源，在错将措施当目标的当今社会，成功难道一定要用霸权、GDP、金牌诠释吗？上帝如此眷顾巴西，如果再解决了教育落后、腐败、治安等问题，或许会是另一种成功模式。

第一章

城市掠影

大使馆的朋友们常以“利亚”称呼巴西利亚，听之非常亲切，像在呼唤邻家小姑娘。我对巴西利亚的印象也是非常好：干净、得体、利索，感觉除了明媚还是明媚。我去过无数次巴西利亚，也巧，从来没遇到下雨，向来都是蓝天白云。那些通透、光亮的白云就像人工挂在天上一样，让人不得不拍照，生怕错过了好景致。

■ 周日的保利斯塔大街会变身为民众的大舞台

保利斯塔大街

圣保罗是巴西乃至南美的经济中心，而保利斯塔大街又是圣保罗的经济中心。保利斯塔大街是葡萄牙语Avenida Paulista的音译，又因圣保罗人以Paulista（保利斯塔）自称，故这条大街也称圣保罗人大道。

保利斯塔大街建于1891年，总长2.8公里。20世纪50年代之后，这条大街逐渐繁华起来，各种各样的建筑像雨后春笋般冒了出来，60至70年代，基本确定了这条大街现在的样子。当年国内的上海外滩可以与之媲美，但之后由于历史问题外滩没能很好地全部留存下来，而圣保罗多年来就是这个样儿，没有翻天覆地的变化。我儿子指着这条大街的一家医院告诉我，他的同学在这里出生，同学的爸爸也在这里出生，近50年了，没有变化。

这条大街实际上是巴西整个国家的经济神经中枢，也是世界有名的金融中心，有金融街之称。同世界其他的大型金融中心一样，街上各家银行的大厦鳞次栉比，几乎所有的国际大银行都能在这里看到，外资银行驻巴西的总部、巴西国内各大银行的总部均设于此。中国银行驻巴西的总部最初也在这条大街上，后来因办公面积扩大暂时无法找到合适的地点，才搬至Rua Frei Caneca1332号，距离保利斯塔88米。2017年，随着巴西经济不景气，这条大街上的很多写字楼闲置，中国银行再次搬回这条大街。

巴西的街道门牌号码设置原则与中国不同，是按长度设置，每米1号，例如，这栋楼如果是1号，紧挨着它的不是2号，而是这栋大楼的跨度50号。你在路上看到门牌号码，基本可以推算出这条路从起始到该处的长度。保利斯塔大道及周围街区除了公司商号、企业总部、写字楼外，还分布着医院、使领馆、学校以及公园等不同机构和设施。这条大街同样是商业中心和娱乐中心，几家大型商场、环球电视台和圣保罗艺术博物馆（MASP）占据着重要位置。其中MASP艺术博物馆

保利斯塔大街特色电话亭

MASP 博物馆的藏品

造型奇特，是重要的地标性建筑，整个展厅被4个巨大的红色柱子举在空中，下面的空间常被用于举办各类活动，每周日还有跳蚤市场。该馆所藏画作丰富，有多幅梵·高和莫纳的作品，周二免费参观。有段时间，我每逢周二中午都会去馆里，被艺术陶冶，特别有感觉。

中国人开的类似小商品市场的铺位也分布在大街的几处建筑里。有位温州商人居然在这块寸土寸金的地段上租用土地，盖了一栋地上地下共5层的商业楼，估算面积有3000平方米。普通地方的一个摊位每月租金可达数千雷亚尔，好地段的租金则高达数万雷亚尔，汇率高的时候月租近10万人民币。

保利斯塔大街是圣保罗交通最繁忙的街道。人们摩肩接踵，汽车川流不息。尽管这里也采取限行等措施，但丝毫不能改变拥堵的状况。每天上下班高峰时间，地铁仿佛是运动的沙丁鱼罐头。所以大老板们基本是乘坐直升机穿梭于保利斯塔上空，圣保罗的直升机数量居全球第二，仅次于纽约。

这条大道享誉南美，是圣保罗的城市名片。我每天上下班必经于此，每天看着花花绿绿的人们，偶尔会有做白日梦的感觉，恍惚间自问我怎么到了这？之所以说花花绿绿，是因为巴西人种复杂，各类肤色都有，而且很多人都有文身，各种图案，有的居然在脸上文得花里胡哨！这条街上经常会出现应景的雕塑，有段时间所有的公用电话都被装饰成怪异的模样。寨卡病毒发生之后，大街上又多了一只大铁蚊子！前面提到的MASP跳蚤市场，每到周末时人头攒动，到此闲逛、淘宝、顺道去小公园遛弯都是很惬意的，当然能淘到心仪的物件更是意外之喜。不过现在假货、仿品多了，特别是一看就知道那些是来自中国的赝品，不免会心一笑。因为巴西的治安状况不佳，晚上基本不出门，但这条大街是我敢深夜步行的。曾经多次加班至晚，走在这条大街上，尽管没有白天的喧嚣，但行人依然络绎不绝。恋人们手牵着手有说有笑，醉汉东倒西歪，警察的身影时隐时现。路边酒店是最热闹的地方，巴西人不拼酒却喜欢聊天，估计一瓶啤酒能喝一夜。

保利斯塔大街也是巴西众生相的绝佳舞台。这条大街每年上演一次号称上百万人的同性恋大游行，各类光怪陆离的造型令人目不暇接。每年12月31日上午都会在这条大街上举行迎新年马拉松比赛，晚上则举办跨年音乐会。在这些重要的时刻，保利斯塔大街就会变身为超大的party场所，到场的人们洋溢着快乐。每年圣诞节前夕，沿街的商铺、公司都会装点一新，据说每年还会从其中专门评选出圣诞装饰最佳建筑。位于巴西央行对面的Ita ú银行私人银行部（我们称之为“小白楼”）经常会

保利斯塔大街周日游人如织

保利斯塔街头画家

保利斯塔大街每年一度的同性恋大游行

保利斯塔街头艺人

成为圣诞装饰的亮点，所以小白楼的门前游人如织。但是2015年的圣诞节竟然没有装饰，估计是经济不景气的原因。2016年更是人去楼空，竟然全年也没有租出去，经济危机影响深刻。2017年变身为耐克公司在展示厅，别具特色。

作为民主国家和劳工友好型社会，每年都会有来自各行各业组织的各类罢工活动，去保利斯塔敲锣打鼓、散发传单、游行示威等最能造成轰动效应。所以保利斯塔大街也逐渐成为各类诉求的发泄地，不断打破参与人数的纪录。

自2015年以来，圣保罗市政府规定每周日上午10点到晚6点，整个保利斯塔大街禁止车辆通行，只允许自行车和行人上路，由此，保利斯塔又成了休闲娱乐的步行街，一派祥和景象，简直同中国的庙会一样热闹非凡。我经常带着一把硬币边走边欣赏表演，遇到心仪的演出驻足拍照，“慷慨”投币，以资鼓励。

保利斯塔大街不单是巴西的金融街、商业街、旅游街、休闲街、走秀街、运动街，还是民主街，正因为保利斯塔大街是如此热闹，影响了一些大型公司单位的正常工作，随着新的金融区（Faria Lima）建成，一些公司开始搬离这个繁华的“是非”之地。

■ 巴西国防部

利亚

大使馆的朋友们常以“利亚”称呼巴西利亚，听之非常亲切，像是在呼唤邻家小姑娘。我对巴西利亚的印象也非常好：干净、得体、利索，感觉除了明媚还是明媚。我多次去过巴西利亚，也巧，从来没遇到过下雨，向来都是蓝天白云。那些通透、光亮的白云就像人工挂在天上的一样，让人不得不拍照，生怕错过了好景致。

巴西利亚是巴西的第三任首都，前两个是萨尔瓦多和里约热内卢，它们都是海滨城市（令人诧异的是，我问了两名学历较高的巴西同事，关于巴西历史上有几个首都、分别是哪些，他们竟然说不全）。当年，为了改变巴西的工业和城市过分集中在沿海地区的状况，开发内地不发达区域，巴西政府决定迁都内陆。经过多方考证最后确定在戈亚斯州海拔1100米的高原上建设新都，定名为巴西利亚。据说，当时地点选在了巴西疆域南北最长线与东西最长线的交叉点，而巴西利亚正好在这个点上。同年，通过竞赛选取巴西建筑师卢西奥·科斯塔设计的新都规划方案，规划人口50万，规划用地152平方公里。

作为决策者的时任总统库比契克，受到了巴西人民的普遍拥戴。在巴西利亚专门建有他的纪念馆，他上任施政纲领提出的迁都，巴西年产10万辆汽车以及道路、化工、飞机等多项工作都如期完成。可惜他死于卸任多年后的交通事故，他的司机跟随他多年，事发时司机已经70多岁，事故排除了政治谋杀。

1957年巴西利亚开始建设，由巴西建筑师奥斯卡·尼迈耶担任总建筑师。至1960年，建设初具规模，政府正式从里约热内卢迁都新址。巴西利亚的建设在当时世界的城市规划界和建筑界传为盛事。巴西利亚被誉为城市规划史上的一座丰碑，是从平地建设起来的新城，并于1987年被联合国教科文组织收入《世界遗产名录》，是历史上时间最短的“世界遗产”。

说起这位建筑师奥斯卡·尼迈耶可是大有来头，巴西的著名建筑几乎均出自此君。他是拉丁美洲现代主义建筑的倡导者，被誉为“建筑界的毕加索”，他的作品有“视觉的诗”之美称。他曾代表巴西与中国著名建筑师梁思成等十人，共同组成负责设计纽约联合国总部大楼的规划小组。尼迈耶曾被授予普利茨克建筑奖，其设计的作品超过五百多项，除巴西外，遍及法国、意大利、西班牙、美国、阿尔及利亚等十几个国家。

很多巴西比较前卫的建筑也都出自这位老爷子之手，如议会大厦，其外观宛如筷子和碗，向上的碗是众议院，象征民主，向下的碗是参议院，象征集中，而中间的筷子形楼有28层，是巴西利亚最高的建筑，实际是“H”

■ 巴西前总统库比契克纪念馆

形，取“Human”的第一个字母，意为人是至高无上的；另外如巴西利亚大教堂，也是尼迈耶的代表作。大教堂的大厅处于地下，地上部分如皇冠一样。虽处地下，但地上部分镶满白色、浅蓝、蓝以及深蓝色的玻璃，阳光能够充分照耀进来，故很多人也称其为阳光大教堂，这是我见到过的最明亮的教堂。教堂的外部有两座奇特的建筑，据说是寓意耶稣最后的晚餐，高的建筑是教堂的钟楼，做成了酒杯的形状，扁平的建筑下面是洗礼的地方，做成面包的形状；在大教堂不远处有一座半球状的建筑，此建筑秉承了老爷子一贯的外星建筑风格，超前、简洁，半球和一条弧线桥构成了全部，这条弧线桥延伸至建筑内部，里面没有楼梯仅靠此弧线桥到达半球顶部；巴西利亚的博物馆，也常常作为付不起租金的普通艺术家展览作品的地方；巴西外交部

■ 巴西利亚大教堂内景

大楼，立身于四面湖水之中，又称“水晶宫”，特别是夜晚时分，在装饰灯的照耀下格外迷人。这位老爷子活了104岁，他的混凝土曲线美学也达到了炉火纯青、无人企及的高度，很多建筑之前卫令人咋舌，犹如外星球的建筑。我看过一篇关于他的文章，大意是讲他的灵感来自巴西绵延的海滩、蓝天、白云以及凹凸有致的混血美女。

巴西利亚这座城市从设计到建设完成仅仅用了4年的时间，举世为之震撼，特别是在巴西这个民主国家，决策时间冗长，国家意志力、执行力孱弱，老百姓又比较慵懒，效率低得惊人，可他们却如此神速地建成了新首都，单就这一点不得不让人刮目相看。不过说到巴西人效率低，例子真是比比皆是，例如2014年举办世界杯，其场馆建设直到2015年才正式结束，开赛后很多设施都是临时的；2016年奥运会也是在最后时刻草草完成场馆建设，运动员进入奥运村遇到的水电设施问题频出；巴西很多年前就想建设一条圣

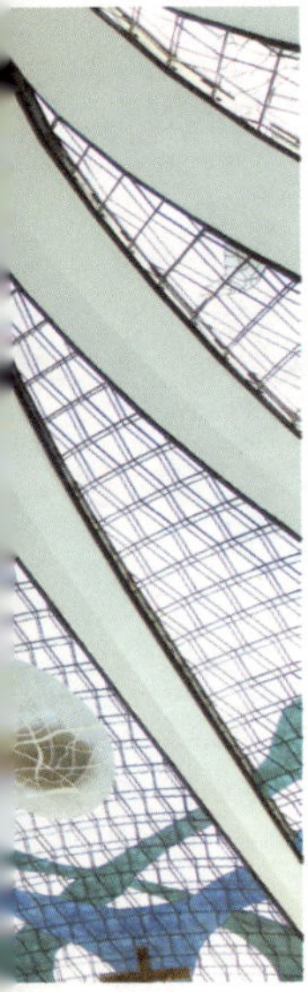

保罗到里约的高铁，曾计划于2014年举行世界杯前建成，但直到2016年举办奥运会也未见开工；圣保罗人博物馆自2012年开始内部维修，有消息称维修时间预计为9年。真不知道巴西人这是慢工出细活还是“磨洋工”！

巴西利亚建设效率奇高的原因除了政府强力推进，建设者热情高涨外，制度安排也是重要原因。当年的公务员和建设者都来自全国各地，政府出台了优厚的政策。最初一批来巴西利亚的，政府不仅提供免费的住房，而且工龄1年按1.5年计算，要知道巴西政府的福利政策可是非常诱人的，公务员的退休工资与在职的一样，而且同在职人员一样增长！一般人工作30年退休，这批人工作20年就可以退休了。

巴西利亚的规划设计构思新颖，鸟瞰巴西利亚的城市布局就像一架巨大的飞机。据说该灵感来自十字架，为了符合巴西利亚的地形，十字架其中的一条直线变成弧线，于是大飞机的形状呈现出来了。议会大厦、最高法院和总统府鼎足而立，政府各部的办公大楼、三权广场、居住街区、商业中心、文化娱乐中心、公共客运站、体育场，还有动物园和植物园分区域排列。“飞机”前方是“人”字形的帕拉诺阿湖，张开臂弯拥抱着这座城市，这一格局很符合中国的风水学。

城区有高达218米的电视塔，登高俯瞰，整个城区尽收眼底。大片绿地覆盖着空旷的中轴线，道路划着优美的弧线，令你认同装饰性大于实用性。据说政府通过立法形式确定巴西利亚城区绿化率为60%，无论城市如何发

■ 巴西利亚电视塔俯瞰图

展，环境绿化的规定丝毫不放松，而且在建设初期很多公寓楼为了给市民和绿化提供空间，都设计成了底层架空的形式。

这里举世闻名的另一个建筑，就是以前任巴西总统的名字命名的大桥——世界上最美丽的大桥——儒塞利诺·库比契克大桥。这一称谓是世界桥梁协会评定的，极其权威。此桥别致有趣，三段斜拉桥体非对称交错排列，简洁大方。这座大桥于2002年通车，横跨巴西利亚帕拉诺阿湖，是巴西首都巴西利亚现代主义建筑的象征。而令人骄傲的是，这座世界上最美的桥是由华裔设计师设计的。

利亚教堂经常作为地标出现在各类媒体上，实际上利亚还有一处蓝色的教堂非常值得探访。教堂的名字Santuario Dom Bosco来自一位19世纪末意大利裔神父，这位神父曾在1883年梦见在巴西的中部高原将会建立一座形状如鸟的城市，并将成为巴西的中心。这一梦境中的城市就是现在的巴西利亚。蓝教堂外表是平淡无奇的水泥架构，而一旦进入时则被通体的蓝色所震撼！四面墙上的深蓝色玻璃占据了绝大部分面积，中间悬挂的巨型水晶灯号称巴西第一。

新建筑也彰显着巴西建筑的卓越。2014年，我带着家人专门去利亚看了一场世界杯小组赛。新建成的利亚体育馆对得起足球王国的称号，进入内部，高大的石柱

巴西利亚拥有世界上最美的桥

■ 巴西利亚蓝色大教堂

让人仰视，特别是从内部向外看明亮的蓝天和白云更有感觉，并且此馆是节能环保的典范，底部球场的下面做成了巨大的蓄水池，可供体育馆自用。屋顶的太阳能一天的聚能可以保证晚上球赛的用电量。

三权广场类似于天安门广场，当然意义不可同日而语。四周有总统府、议会大厦、最高法院、火炬塔，甚至还有广场鸽的专用巢室。广场上飘扬着号称世界上最大的国旗，面积有280平方米，重达98公斤。最高法院门前摆放着一尊特殊的雕塑：一名女子正襟危坐，蒙着眼睛，腿上平放着一把宝剑，或许意为：六亲不认。

我曾有幸多次到访大使馆和大使官邸。大使馆坐落在一处小丘陵上，印象最深的是院里的一株枝繁叶茂、四季常青的大榕树。而大使官邸地处湖边，偌大的院子显示着国家地位，多数建筑仍是巴西风格，但湖边却是中国风的

三权广场上的开拓者雕塑

亭廊，亭廊匾额是外交部老领导时任中国驻巴西大使万永祥题写的三个遒劲大字“去来亭”。想想表面风光的外交官生涯，为了国家的外交事业常常要“妻离子散”，舍小家顾大家，不禁令人肃然起敬。

火炬后面的议会大厦

巴西最高法院门前雕塑

议会大厦落日余晖

山坡上的贫民窟

上帝之城

上帝之城
半是魔鬼半是圣徒
一月的河
半是血汗半是脂膏
广袤大地
半是贫瘠半是奢靡
一样穹顶下
爱恨交加
清楚的不一样

巴西人自豪地说："上帝用6天创造了世界，在第7天创造了里约热内卢。"上帝之城是里约热内卢的一处贫民窟。

里约概括

1502年1月，葡萄牙航海家佩德罗·阿尔瓦雷斯·卡布拉尔来到瓜纳巴拉海湾，误以为这里是一条大河的入海口，起名"一月的河"，葡萄牙语Rio de Janeiro，音译为"里约热内卢"，有时简称为里约（Rio）。里约热内卢位于巴西东南部，为巴西第二大城市，面积仅次于圣保罗。这里终年高温，一年中有明显的干季和湿季。风景闻名遐迩，是著名的国际大都市，港口是世界三大天然良港之一，而基督像也是世界新七大奇迹之一。这里举办了2016年第31届夏季奥林匹克运动会。

1555年，法国海军军官在这里建立了第一个欧洲人的殖民地。十年之后，葡萄牙人成功占领此城，并将法国人驱逐出境。葡萄牙人开始在此地建筑城堡，用作防御和抵抗侵略者。1808年，当时葡萄牙贵族及皇室害怕拿破仑入侵葡萄牙，王公贵族逃亡到里约热内卢，此地便成为葡萄牙的首都。欧洲众多国家在欧洲以外的地区设立首都的，只有里约热内卢。1822年，佩德罗一世宣布巴西独立后将里约热内卢定为国家的首都。当君主制于1889年被共和国所代替，里约热内卢仍是巴西的首都，其作为首都的时间将近200年。1960年4月，巴西政府将首都迁至巴西利亚，时任总统是库比契克。现今，里约热内卢仍设有相当多的联邦政府机关以及社团组织和公司总部，被巴西人称为“第二首都”。

独一无二的海滩文化

在第36届世界遗产大会上，里约热内卢因其独特的景观被列入世界文化遗产，里约因此成为世界文化遗产中首个入选自然景观类别的城市。作为世界著名的旅游胜地，依山傍水、山海交融的优美自然风光与人文景观巧妙和谐地融为一体。主要景观包括蒂茹卡国家森林公园、耶稣山、面包山、植物园、瓜纳巴拉湾以及科帕卡巴纳海滩等。里约拥有70多处海滩，总长度达200公里。其中最为著名的科帕卡巴纳和伊帕内玛海滩，各有其独特的风格。

科帕卡巴纳的游客最多，每到周末，超过50万的里约本地人会到这里放松休憩。据说最多时可达到近200万

■ 里约海滩夜景

人。海滩宽百余米，区域宽阔长达8千米，整个海滩沙柔水洁，呈弯月形。这些景观是上帝的馈赠，是大自然对里约的厚爱，反哺了里约人的生活灵感。

巴西人对于海滩的喜爱简直到了痴迷的程度，大凡休假必去海滩。里约人更是如此，他们喜欢把大量的时间花在沙滩上，喜欢享受生活，不像圣保罗人沉湎于工作和赚钱。热闹的海滩是里约人和游客的心仪之地，因为在这里可以休憩、戏水、日光浴、发呆、散步、谈恋爱……海滨大道顺着海滩的形状蜿蜒伸展，人行道黑白相间，呈海浪的图案，看起来自然协调。

里约给世人最深刻的印象是对运动的热衷。每逢节假日，整个海滩成为一个巨大的露天运动场，政府封闭了沿海道路，禁止车辆通行，专供市民骑车和跑步。紧靠道路的是平整的沙滩，还有专门安装的健身设施。传统的运动项目有沙滩足球、沙滩排球，其中比较有特色的是“足排球”和“木板球”。“足排球”是两人一队，各守半个排球场，用除手以外身体的任何部位完成进攻和防守，颇具观赏性。我不清楚“足排球”是不是巴西人的发明，但“木板球”肯定是巴西人的专利。“木板球”是我起的名字，巴西语为Frescobol，人们手持酷似加大号乒乓球拍的木拍子击打一只网球大小的橡胶球，场地中间没有球网，对阵中球不能落地。器材廉价，场地无限制，上手简单，老少皆宜。人们则在靠近海边的地方随意踢球、飞飞盘、游泳和冲浪。

在伊帕内玛海滩边著名的Garota de Ipanema酒吧里，还能品尝到巴西著名的凯冰琳雅鸡尾酒(Caipirinha)。汤姆·裘宾(Tom Jobim)在这里创作了世界闻名的歌曲《来自伊帕内玛的女孩》：

朝着大海的方向而去金色女孩
她是我看见过的最美好的人儿
当她路过时
全世界都会充满欢乐
像是跳着桑巴舞一样翩跹
舞姿曼妙步履轻柔
当她经过我旁边的时候
我朝她微笑而她却看不见
她却看不见
她却看不见……

傍晚的海滩美不胜收，伴着最为动人的日落景致。海天一色的背景前，一名混血女子身着巴西版的比基尼专注地颠球，成为最撩人心魄的画面。

耶稣山

里约为什么美？首要原因就是有山有水。里约著名的地标性景点当然是耶稣山和面包山。耶稣山本名科尔科瓦多山(Corcovado)，葡萄牙文意为“驼峰”，它耸立在里约市西面景色秀丽的海岸边，是一座海拔709米的突兀的山丘。耶稣山不仅是里约的象征，更是巴西的象征。山上的基督像（葡萄牙语Cristo Redentor）也叫巴西基督像，是闻名世界的纪念雕塑，为纪念

■ 里约耶稣像

巴西独立100周年而建立。雕像建造和安装历时9年，落成于1931年。总高38米，体积庞大，雕像左右手的指间距离达28米。2007年，该雕像被评为世界新七大奇迹之一。雕像中的耶稣基督身着长袍，身躯直立，两臂平展，目光深邃，仿佛是一个巨大的十字架立在山顶；展开双臂寓意默默为世人祈福，迎接八方来客，把他的博爱洒向世界。在里约，无论你是穷人还是富人，都在耶稣像的庇护之下。

当时，建设方在全世界范围内搞了一次基督像设计竞赛，最后，法国纪念碑雕刻家赢得了比赛，其设计的“救世基督展开双臂”的外形最终被认可。建设者还在科尔科瓦多山上建造了铁路，以便将建造雕像所需的大块石料运到山顶。这一形象经常在媒体、影视剧、MV、游戏中出现，包括流行天王迈克尔·杰克逊的MV，《速度与激情5》《里约大冒险》《暮光之城4》《2012》等影片。雕像主体材料为钢筋混凝土，外层材料是滑石，它有柔韧性高的特点，能够抵抗恶劣的天气。但因耶稣像位于山顶，尽管有避雷装置，也免不了常遇雷击。

耶稣像下有一座小教堂，供虔诚的教徒来此祈祷。白天自不用说，夜晚雕像周围专门安装了强光射灯映射耶稣圣像。只要天气晴朗，无论白天还是夜晚，从里约城的每一个角落都可以看到这尊耶稣像，游客也可通过观察雕像辨别方位。当然山上也经常云雾缭绕，增加了神秘的宗教色彩。有时能见度不到10米，即使在靠近底座也看不清耶稣像，每当真容显露，即会引来游客的欢呼。游人欲到耶稣山顶，可以乘坐小火车缓行而上，或者搭乘上山的汽车，到了临近山顶的位置再弃车步行，沿着山间石路拾级而上，一边登高一边观赏里约热内卢的景色。

在山顶的平台上通常游人众多，来自天南海北、操着各种语言的游客摆着各种姿势与耶稣像合影。我的导游让我高举双手，经过她的拍摄，可以看到照片上的我竟然与耶稣双手相握。还有小情侣为了拍到好的照片，女孩干脆骑在男友的脖子上自拍。有时幸运的话，还能看见情侣在耶稣像下求婚的场面，现场气氛感人，令人心生美好。从山顶放眼望去，山下高楼鳞次栉比，海湾游艇星罗棋布往来游弋，远处豪华游轮熠熠生辉。下山途中有一处平台，可以降落直升机，是近距离眺望里约美景的绝佳地点，亦是取景拍摄的理想之处。

面包山

在里约风光系列的明信片中，总有一张展现的是矗立在海湾中被散落的游艇包围的一座小山，它就是大名鼎鼎的面包山。说是山，可实际上就是一块巨型岩石。此山位于瓜纳巴拉湾入口处，跟耶稣山并列为里约的重要地标，是里约的象征之一。面包山（葡萄牙语Pão de Aç úcar，直译为甜面包），故也被称为糖面包山，海拔将近400米，山体陡峭，四壁光滑，远远望去正如巴西人喜欢吃的那种法式面包的形状，山如其名。友人笑说这要是在中国，大概会被叫作“窝头山”了。

虽然面包山山势平缓，但没有可攀之路，游客想登山的话必需搭乘分为两段的缆车上下。中转是乌卡山(Morroda Urca)，上山的缆车早在1912年便建成，是全世界第三座缆车系统，想想百年前的中国，便可感受到当时巴西的先进。现在的缆车单程载客量已为65人，乘客能360度饱览里约壮丽的景色。

在面包山上凭栏远眺，里约的美景尽收眼底：大西洋、海湾、海浪、游艇、帆船、大桥、海滨大道、车流、建筑，都可以加上无数的形容词，映入眼帘的每一帧图像，都宛如一幅印象画。在这儿人也是风景：相拥亲吻的恋人，坐在长椅上安逸眺望的银发长者，举止轻盈、脸上洋溢着笑意的各种肤色的人，摆出各种拍照姿态的美女。

面包山离桑托斯杜蒙机场很近，我们称其为里约小机场，有别于里约国际机场。飞机起飞频率很快，看着飞机划出优美的曲线，心情也会跟着一

■ 里约面包山远眺

同愉悦。在国内某些城市不知是因为居住地离机场远的原因，还是雾霾严重的因素，能目视的飞机较少。在巴西，站在宿舍的楼顶随时都可以看到飞机。在面包山上看飞机起飞更有感觉，在距离机场不远的海湾里看飞机起飞则更加震撼。

“去面包山看夕阳”是接待远方游客必不可少的项目，这里的夕阳真真是无限好。山坡上被落日余晖浸染的贫民窟别有一番诗意的景象。我的领导在介绍面包山的夕阳时总是啧啧赞赏，令听者心生向往。华灯初上时，漫步在山顶，听着餐厅里播放的舒缓的异国曲调，忍不住心生摇曳。整个海滨灯火辉煌，远处城市星星点点，长长的车流涌动，海面的亮光像是天空星星的倒影，画面太美无法复制、无法言传，拍无数次也总感觉照片效果比视效差很多。

光鲜的背后

沙滩、海浪、仙人掌，还有一位老船长，里约更有阳光、山峦、桑巴、足球、狂欢，就像梦境一般。但任何事物都有两面性。2012年，我被外派巴西时，曾试图提前了解一下巴西，查找了许多资料，还看了获奥斯卡奖的影片《上帝之城》，影片叙述了里约贫民窟的黑暗面，表达了人性堕落和对无尽暴力的谴责。看后感到非常惊悚，害怕到巴西，甚至萌生打退堂鼓的念头。

里约热内卢是一个贫富差距巨大的城市，该市有五分之一的人居住在贫民窟。贫民窟在葡语中称为“Favela”，据说里约有500多座贫民窟，大都依山坡而建，一个个狭小的房屋排列紧密，犹如火柴盒一般，成了里约市一道独特的景观。按我们国人的常识，住在半山腰的都是有钱人，在里约热内卢却刚好相反，住在半山腰的都是贫民。贫民窟有电有水，可以维持基本的生活。在通往耶稣像的山上同样有贫民窟，房子位于陡峭的山坡上，密集排列。成片成片的窝棚、临时搭建的板房密密麻麻地挤满了半座小山，紧挨贫民窟的就是一处豪宅，它的所有者是里约一位著名的节目主持人。贫民窟的独特之处在于它们距离富人区非常近，上流社会的社区在海滩和群山之间，而山上则被贫民窟占据。

19世纪末，恢复自由的黑奴大多涌进城市，变成无业游民，成为城市的边缘人。他们在山丘上慢慢建立起自己的家园，直到发展成今日的贫民窟。除了当年黑奴的后代外，农村人为了过上更好的生活也涌入城市，高昂的租金使他们租不起房子，也开始住进贫民窟。在缺乏谋生技能的情况下，许多人为了养家糊口，只好从小偷小摸开始，逐渐发展为杀人放火、打家劫舍，最后甚至走私军火和贩毒。在贫民窟里，黑帮盘踞，充斥着暴力、毒品、性交易等各种犯罪行为，而且时常发生同警察之间的枪战。这些人还经常下山到市区和海滩抢劫游客，成为巴西治安的一个毒瘤。甚至在电视台采访直播镜头前，劫匪也敢下手，这使得里约贫民窟臭名远播，变成严重的社会问题。为此，华人将著名的“科帕卡巴纳沙滩”诙谐地音译为“可怕可怕的沙滩”。贫民窟地区还有团伙殴斗、警察暴力、缺乏卫生设施等各种社会问题。

巴西虽然没有死刑，但每年死在警察枪口下的冤魂不在少数。《今日美国》曾登出这样一则报道：与申办2016年奥运会的几个候选城市相比，里约的暴力犯罪死亡率是芝加哥的2倍、马德里的16倍、东京的33倍。美国海外安全顾问委员会曾将里约的犯罪威胁级别定为“危急”，该委员会警告说，里约是“将暴力犯罪，如谋杀、强奸、绑架、劫车、武装袭击和盗窃等，看作是一个正常人日常生活的一部分”的城市。里约贫民窟，每年超过4000人被杀害，速度堪比战场；居住在贫民窟的人平均寿命比外界的人少7岁，因为非自然死亡率极高。

由于贫民窟里都是违章建筑，配套设施缺乏，甚至没有门牌号码，就连谷歌地图和里约的地图也不会标注。据报道，有歌星用导航去演出场地，导航出错带至了贫民窟，结果被洗劫一空。贫民窟里就是一个小生态，里约贫民窟的黑帮也奉行“兔子不吃窝边草”的行规，据说里面每个区都有负责保护片区居民和店铺的老大，贫民窟的居民信任黑帮甚至超过警察。有报道称，里约的抢劫案件多数发生在海滩这些旅游景点，而抢劫的对象多为外地游客。在贫民窟很多黑社会势力对于内部的保护非常厉害，他们可能会因为枪支和毒品问题与警方开火，但是对于住在里面的人会非常保护。

随着政府加大监管力度和治安投入，特别是为迎接世界杯和奥运会，给世界展现一个文明、安全的巴西，贫民窟的问题得到了一定缓解，甚至将贫民窟开辟为旅游线路。有趣的是，在世界杯前夕，国内央视的一位小英雄带着摄制组进入里约一处毒贩藏身的贫民窟，毒贩向摄制组公开了毒巢和制毒贩毒的过程，荷枪实弹的毒枭如此猖獗使得该片在国内播出后，一些计划前往的游客吓得不敢去巴西。

离开贫民窟是很多人的奋斗目标，巴西很多足球名将出自里约贫民窟，如罗纳尔多、罗马里奥等。

里约的建筑

在里约热内卢随处可见保存完好的古建筑物，它们大多已被辟为纪念馆或博物馆。去过葡萄牙的人总能在这里感觉到许多建筑是那么熟悉，总感觉葡萄牙人很热衷他们的文化和建筑，总是千方百计地在各个方面打上自己的烙印。

马拉卡纳体育场是世界上最大的体育场，最多时可容纳20万名观众，曾作为1950年和2014年世界杯决赛的场地，也是2016年里约奥运会开幕式以及足球比赛场馆，被公认为世界上规模最大的足球场。

里约大教堂是一座钢筋水泥结构的现代建筑，呈圆锥形，外表的框架结构好像天梯，所以也被称作天梯大教堂。教堂内宽敞高大，气势恢宏，教堂全身高80米，底座直径106米，可容纳2万人。顶部透过十字架型玻璃采光。建筑外墙有4面巨幅的彩色玻璃，熠熠生辉，分别绘有宗教内容。教堂造型奇特，水泥的外观让人感觉教堂永远没有完工。遇到做礼拜的时候，庄严的宗教仪式让人安详、心生敬畏。

拱门式的卡里奥卡高架渠（Aqueduto da Carioca）距离大教堂很近，修建于18世纪中叶，起初用于将卡里奥卡河（Carioca）的河水输送给里约城里的居民。直到19世纪末，高架渠被改造成了有轨电车的高架桥。现在则是里约市中心的重要旅游景点之一，动画片《里约大冒险》中就有它的身影。它的名气虽然大，但当我亲眼看到时不免有些失落，墙面因许久未刷新而有些斑驳，感觉就像家乡的引水渠，平淡无奇。

塞勒隆台阶（Escadaria Selar ó n）来自塞勒隆的创意，这位来自智利的艺术家从1990年开始，用从60个国家搜集来的五颜六色的瓷砖、陶片和镜子装点自家门前的台阶，这条台阶虽然只有200多级，但已然是里约著名的旅游和摄影景点。美国国家地理频道、花花公子杂志，还有许多著名的MV都曾在此取景，我是先看了Songs Around The World的MV里的景点画面后，才看到的实景。看到这个台阶后，我联想到家乡的泰山，如果将山上的7000多级台阶，如此装点一番，将是怎样的震撼?

百年咖啡馆（Confeitaria Colombo）藏身在石板街上，开业于1894年，地处繁华之地，周围有很多小商品批发店，若不是当地同事领路，还真不容易发现。店门前车水马龙，忆往昔花团锦簇，想必接待过很多的达官贵人和文人墨客。咖啡馆共有两层，内部装饰华丽，充满异国情调，特别是一面面挂在墙上的巨大的比利时镜子，营造出华贵的气氛。

奥运前期，里约海边又多了一座造型独特的建筑，这座名为明日博物馆的建筑极有可能成为里约的新地标。

里约在巴西还有“狂欢节之都”之称，一年一度的狂欢节，将巴西人热情乐观的国民性格表现得淋漓尽致。虽然巴西的经济中心在圣保罗，但巴西的企业巨头以及海外公司，则汇集在里约，如巴西石油公司、淡水河谷公司以及巴西钢铁公司的总部均设于此。中国银行巴西子行也在这里设立了分支机构。

■ 里约明日博物馆

世界生态之都——库里奇巴

巴拉那州首府库里奇巴的名气很大，享有“世界生态之都”的美誉。1990年，库里奇巴和温哥华、巴黎、罗马、悉尼成为首批联合国评选出的“最适合人类居住城市”，库里奇巴是其中唯一的一个处于发展中国家的城市。2001年，库里奇巴又被联合国评为“巴西生活水平指数最高的城市”。因此，有人说到巴西，如果只去两个城市，就选里约热内卢和库里奇巴。

我第一次去库里奇巴是在冬季。因为我乘坐的是双层敞篷观光大巴，尽管气温在10度以上，但依然感觉格外寒冷。在巴西坐长途汽车非常方便，网上购票打印购票凭据，到达车站找到乘坐的长途汽车所在公司自助机换票即可乘车。从圣保罗坐卧铺大巴大约6小时到达库里奇巴，当时我到达后已是凌晨，第一印象是清一色一字排开的醒目橘红色出租车。去洗手间时，一台擦手毛巾设备格外引人注目，类似盛放纸巾的机器下面垂着布制毛巾，毛巾两头在机器里，向下拉循环使用，毛巾在机器里自动消毒，我在圣保罗不曾见过这种高级环保设备，不禁使我对这个城市的环保产生好奇。

实际上，库里奇巴没有什么独特的历史地位，也没有非常奇特的地理风景，既无名山也不靠海。是其交通、环保和城市经营使得库里奇巴驰名世界。“City is not a problem, city is solution.”（城市不是难题，城市是解决方案）这是三次担任该市市长的海梅·勒纳(Jaime Lerner，1937.12.17～)的名言，他强调：“我们不能为了解决一个问题，而引发更多的问题，要努力把所有问题连接成一个问题，用系统的眼光去对待，用综合规划的办法去解决。”

20世纪70年代，海梅·勒纳接手库里奇巴时，它和巴西大多数城市一样，面临着严重的人口拥挤、贫穷、失业、环境污染等社会及环境问题。建筑师出身的海梅·勒纳用他以人为本的理念，结合实际创新，秉持全新的可持续发展理念，通过多年实践取得了极大成功，得到了广大市民的拥护，后来的继任者也较好地延续了这一发展理念。城市的发展没有牺牲生态环境，民众的生活水平得到了显著提高，大家安居乐业，使得库里奇巴被建设成为城市的典范。

因此，库里奇巴拥有了极高的绿化率，人均绿地面积52平方米，是世界卫生组织推荐数的4倍。全市有数个森林区，所有公园都是免费开放，稍微留意就可看出这里的绿化宗旨是以自然为主，尊重自然、保护自然、服务自然、服从自然、融入自然、回归自然。部分绿地是天然地，可以放牧，人工草地基本都是可踩踏的。修剪整齐的灌木与参天大树相映成趣，施斧斫不厌斧斫，城郊山野满眼是绿，视觉效果极佳。

据介绍，库里奇巴的绿化工程与环保再利用以及垃圾回收等相结合，并与城市建筑有机地融合在一起。很多公园曾是废弃的采石场，如今却是青山绿水，成为当地市民和游客休闲的好去处，处处彰显生态城市的魅力。不仅如此，库里奇巴的人工绿化注重树种的适应性和多样化配置，既考虑到生态和视觉效果，还考虑到野生动物的栖息与觅食。我没想到在巴立吉公园（Parque Barigui）首次看到了水豚（一种半水栖的食草动物，也是世界上最大的啮齿动物）。河边绿地上一边是正在训练的业余橄榄球队员，一边是成群的食草、打滚的水豚，毫无违和感。它们大的如小猪一般，小的跟老鼠相仿，完全不怕人，近距离拍照也毫无警觉，反而是我心生几分怯意。

对于这座城市的交通，是不得不说的。库里奇巴对外交通便利，有公路、铁路和航空线与巴西其他主要城市连接。而在库里奇巴市内，人均小汽车拥有量在巴西城市中排名第二，平均2.6人一辆小汽车。但据我观察，城市交通非常顺畅，基本没有拥堵状况。据介绍，库里奇巴的公共汽车是巴西最密集繁忙的交通系统，上班族乘坐公共交通上下班的比率在全世界所有的

■ 水豚，半水栖食草动物，是世界上最大的啮齿动物

城市中是最高的。公共汽车使用效率的提高大大地节约了燃油，也有利于环保。

市民为何钟情于公共交通？原因是多方面的。整个城市的交通系统设计理念贯穿了公交优先的原则，其特点是利用地面常规公共交通解决城市交通问题，以横穿市区东西方向的交通作为优先主干道，以其他向市区以外各方向辐射的城市公共交通动脉网和环城高速路作为辅助干道。线路分为快速线、支线、区际联络线和环线、大站快车线、常规的整合放射线及市中心环线等。公共交通系统内共设有三类车站，即管式车站、大型公共交通站和传统车站。公交实行“单一收费体制”，单程出行中，无论远近，票价都一样，仅需购买一张车票就

可以做任意多次必要的换乘，而且周末价格减半。

该市以一家城市公共交通公司为主，管理多家运营企业，并由市政府占有绝对大股，私人占极少股份，公司总裁由市政府任命。这些运营企业都是通过线路招投标的方式得到运营许可，拥有车队并且负责完成具体的运营。政府负责制定票价，企业按质按量完成运输任务后获得利润，超过一定比例则作为城市公共交通发展的资金。每辆公交车上都安装有乘客计数器，乘客可使用磁卡、月票和代用券乘车。另外，政府规定年满65岁以上的老人和5岁以下的儿童不用购车票而乘坐公共交通工具。对低收入的市民，如乘坐公共交通的费用超过其收入一定比例，超过部分由政府补贴。该市也实行雇主承

■ 管式公交车站

担雇员部分上下班公交费用，即雇员的公交费用超过工资的6%时，超出的部分则由雇主承担，这一点在圣保罗也实行。贫困人员可以用清扫卫生收集来的垃圾换取公交车票。与此同时，严格的道路停车规定以及较高的停车费用，在一定程度上也限制了私家车的上路。

主干线上的公交，不仅时间密集而且体形硕大，足有三大节，运力超强。不过最吸引眼球的还是管式车站，呈封闭的玻璃管状，两头有闸口进出，人工售票，极富未来主义，好像在太空科幻影片中看见过的那样。目前国内许多大城市正在推行的BRT（快速公交系统，Bus Rapid Transit的简称），正是来源于库里奇巴。这是一种大运量交通方式，通常也被人称作“地面上的地铁系统”。可以说，库里奇巴的交通实验是一种交通革命。

我曾专门乘坐公交漫无目的地在城市穿行，居然发现了“China站”，还路过一处写着“中国”两个大字的小楼。每个管式车站靠路的一面有感应门，门外有伸出的固定上下车的平台，每到一处管式车站，公交准确停在车门与平台平行的位置。车门外都有一个自动收放的搭板先搭在平台上，车门自动打开，乘客上下车，随后关门收起搭板再行。

逃票在任何国家和城市都存在，我看到有直接穿过路边栏杆不进管式车站直接上车的，也看到过钻过闸口逃避买票的，当然为数不多。库里奇巴

库里奇巴植物园

库里奇巴博物馆

在交通方面总是未雨绸缪，目前这里正在大力发展自行车区和步行区，为此兴建了专门的自行车道，并在市中心开辟大面积步行区。该城市已经开始计划修建地铁。

在库里奇巴可以乘坐双层敞篷观光游览大巴，一张票，就能前往全市主要景点，可在20多个景点中，选择5个不同景点。

植物园（Jardim Botânicode Curitiba）令人印象深刻，它是一处很整洁的公园，主体建筑是有着中央穹顶结构水晶宫一样的温室，一排盛开着樱花的樱花树映衬着大片的波状绿地。在修葺整齐的灌木间，游人如织，更有孕妇在大冷天裸着隆起的肚子幸福地拍照。

以巴西著名建筑师奥斯卡·尼迈耶命名的博物馆（Museu Oscar Niemeyer），是尼迈耶自主设计的建筑瑰宝，它像一只巨大的眼睛，与辅助建筑构成协调的整体，内部主要为博物馆，有绘画、雕塑和现代艺术品。整个建筑异常壮观，里面还有一条蜿蜒曲折、通体光滑的通道，在灯光的映衬下，大有时光隧道的感觉，我称其为光明大道。这儿的礼品店很有特色，咖啡店的午餐便宜且味道极佳。

库里奇巴郊区还有旅游火车穿行在峡谷里，这在火车运输不发达的巴西绝对是引人驻足的旅游项目。

非常有特色的是周末的大市场（Feirado Largoda Ordem）。我是误打误撞走到其中，想不到在国外也能赶上人山人海的市集，一眼望不到头，临时搭建的售货摊位，主要销售手工艺品，对来自圣保罗的人而言绝对物美价廉，喜爱手工艺品的人更是爱不释手，简直是购物天堂！半天的工夫我只逛了部分摊位，时间有限只能提着战利品依依不舍地离开。我在其中淘到了用阿萨伊（巴西特有植物）种子制成的项坠，还有用不知名的种子制成的工艺品，有植物编成的乐器，以及用布做的小人书。

环保是库里奇巴的特色。“垃圾放对了位置就不是垃圾”在库里奇巴不再是空话，在这里处理垃圾不仅不收费，还可以用来换取食品、学习用品以及公交车票。政府鼓励市民进行垃圾分类，据说库里奇巴每日回收的纸张，相当于1200棵树木，而他们可以将其全部再度利用。用垃圾换来的食品，多是政府出资购买的当地农民季节性剩余产品，不仅满足了市民日常需求，也增加了农民收入。

库里奇巴的实践实现了环境和社会效益共赢，是人与自然和谐相处的典范，虽然这种探索永无止境，但有了一揽子解决问题的意识，全方位地思考与实践，无疑与我国古人道法自然、天人合一的思想相吻合。

■ 巴西战舞——卡波耶拉（Capoeira）

萨尔瓦多

抓住2014年最后的尾巴，一家人来了一场说走就走的旅行，首站萨尔瓦多。

萨尔瓦多（Salvador）是巴西东北部的一座滨海城市，巴伊亚州的首府。萨尔瓦多紧靠大西洋，是巴西的第三大城市，也是葡萄牙殖民巴西的第一城，曾作为巴西的首都。萨尔瓦多城是16～18世纪欧洲、非洲与北美三洲文明的重要交汇地，也是将文艺复兴时期城市建筑成功移植到殖民地城市的典范，它见证了欧洲、非洲和美洲文化的融合，被联合国教科文组织列为世界文化遗产。萨尔瓦多的葡萄牙语意为“救世主”。

萨尔瓦多基本上是里斯本的翻版，分上城（Cidade Alta）和下城（Cidade Baixa），大教堂和管理机构位于上城。市内依然有许多殖民时期的建筑，包括巴西的第一座大教堂和最老的医学院。我儿子去过葡萄牙，感叹与葡萄牙风格太像。我们一家人住在海边酒店，离萨尔瓦多的城市地标之一灯塔很近，我们入住酒店后正赶上下雨，因为是说走就走的旅行，所以基本没有做旅行攻略，也没有规划具体的行程，所以去了两次老城。

看到大电梯就算到了老城，之前多次看过大电梯的照片，当时还不知道它到底是何建筑，只是好奇为何很多朋友在微信上发它的照片。下城电梯周围遍布小商小贩，路对面是一家稍大点的旅游市场，旅游纪念品琳琅满目，据说也是萨尔瓦多的旅游景点之一。坐电梯只要0.15雷亚尔，大大低于我的预期，估计是为了方便当地居民。登上老城后，在大电梯边上览胜，位置甚佳，海上停着一排排游艇，不远处矗立着巴西人说的“大屁股”雕塑。

主要街道上遍布荷枪实弹的警察，我们试探性地去往非主要街道，远远地看到警察才敢继续探寻。在老城有很多友好的卖手工艺品的游商，他们会提示你不要去偏僻的街巷以防被抢，搭讪的同时乘机兜售他的纪念品，还好价格都不贵。在非洲的莫桑比克和安哥拉沦为葡萄牙的殖民地之后，随着奴隶贸易的开展，萨尔瓦多很快成了葡萄牙在大西洋中最重要的奴隶贸易口岸。至今，市内大多数居民是非洲后裔。萨尔瓦多也深受非洲文化的影响。人们常说萨尔瓦多是南美受非洲影响最大的城市，包括饮食、音乐和文化生活的方方面面。商店门口有很多黑人妇女穿着传统服饰招徕客户，连衣裙腰以下的位置是硕大的衬子衬起的大蓬裙，估计过去黑人妇女就是这种肥臀体型。路上也有这种衣着的妇女主动跟你合影讨些小费。

萨尔瓦多市内最具代表性的建筑大部分建于16～17世纪。令人不禁赞叹当年建筑师的巧夺天工。最震撼的还是萨尔瓦多的教堂，据说有上百座，

■ 萨尔瓦多地标之一——灯塔

■ 萨尔瓦多上下城的电梯

是拉美地区教堂最多的城市。斑驳的墙面，沧桑的浮雕，绘画瓷砖，让你感觉到历史的厚重。教堂风格兼有哥特式和巴洛克式，其中圣弗朗西斯科教堂最为华丽，用了300公斤的黄金和80公斤的白银来装饰它。圣堂内金柱直通穹顶，柱廊、天棚和墙壁堆叠覆盖着金叶，似乎金子只是廉价的墙纸。此教堂现被辟为宗教美术馆，展出许多历史文物，以天主教的艺术品居多。

萨尔瓦多的狂欢节有自己的风格，与里约狂欢节相比别有一番情趣。萨尔瓦多的击鼓表演非常出名，行进在古老的石头路上不自觉地就会被鼓

■ 萨尔瓦多上城区的鼓者

点吸引过去。值得一提的是萨尔瓦多还是巴西黑人武术的中心，巴西战舞——卡波耶拉（Capoeira）就是发源于此。当地特色饮食首推Moqueca这道菜，它是将蟹和虾加入香草、番茄、大蒜、洋葱和椰奶，在非洲棕榈油中小火翻炒，再配上巴西米饭。口味重的人可以加上特有的辣椒，十分美味。我们当时边看击鼓表演边吃着Moqueca，门口还有一群人在表演卡波耶拉，洒脱惬意。

乐观的民众、古老的建筑、清澈的海水、朵朵的白云、特色的餐饮，难怪萨尔瓦多被人称为巴西的幸福之城。

第二章

地大物博

毫不夸张地说，巴西土地肥沃，地上植被茂盛，如果发现一块土地上面不长植被，那么下面一定有矿藏！

巴西伊瓜苏瀑布

物华天宝

巴西的物产资源丰富，用“地大物博”来形容当之无愧。国土面积851.49万平方公里，约占南美洲总面积的46%，海岸线长约7400公里，为世界第五大国，仅次于俄罗斯、加拿大、中国及美国。根据各渠道获得的数据，以下一组数字可以看出巴西资源之丰富。

· 铁的储藏量约为333亿吨，占全世界储量的9.8%，其产量和出口均列世界第二位。

· 铀矿、铝矾土和锰矿储量居世界第三位。

· 铌矿储量已探明455.9万吨，按当前消费量够全球使用800年。

· 镍储量达世界总储量的98%。

· 石墨探明储量11300万吨居世界第二位。

· 水力资源极其丰富，占全球18%。

· 咖啡、香蕉、甘蔗、柑橘、木薯产量居世界第一位。

· 可可、大豆产量居世界第二位。玉米产量居世界第三位。

· 橙汁的出口产量占国际市场的85%。

· 森林面积为442万平方千米，森林覆盖率60.7%。

· 土地的利用率不足30%，土地资源的开发潜力巨大。

· 亚马逊雨林是世界上最大的原始热带林，面积达2.8亿公顷，拥有木材潜力450亿立方米。

巴西气候湿热，阳光充足，雨量充沛，真可以说要风得风要雨得雨。在植物资源中，木材、食用植物、油料作物、橡胶和纤维类植物最具生产和商业价值。丰富的森林资源给巴西带来了巨大的财富。

巴西国名葡萄牙语“Brasil”源于巴西红木，殖民者将这个盛产“巴西木”的地方称作“巴西”，正如列强用瓷器“China”称呼中国。早期殖民者发现了巴西木，从中可以提炼出十分珍贵的深红色染料，带来了巴西早期的商业开发。多年以后，随着掠夺性的开采，巴西木已经濒临绝迹。后来，植物学家相继发现了一些原生树种，采取了保护性种植，使得这一珍贵树种得以延续。巴西木是长寿树种，树龄可逾千年，树干质地坚硬，内部呈红色，酷似炭火，故由葡文炭火“Brasa”称之。我在圣保罗人博物馆院里看到一株杯口粗的巴西木，在它旁边有一棵将要倾倒的不知名树种，工作人员用绳索固定在比它细得多的巴西木上防止其进一步倾斜，可见巴西木之坚硬。当然这种巴西木可不是国内通常说的那种观赏绿植“巴西木”。

2013年10月，由中石油、中海油与另外三家国外石油企业组成的联合体，作为唯一投标方中标全球最大的海上油田——巴西外海里贝拉区块。整个区块日产量有望达到140万桶。这一产量几乎相当于目前巴西原油日产量的一半，会使巴西跃入石油强国。据介绍，这是巴西迄今勘探发现的最大规模的单体岩下层区块，且油品极佳。

亚马逊丛林

亚马逊王莲

丛林里的树懒

食人鱼

巴西大嘴鸟，又称作巨嘴鸟（Tucano）

巴西大鹦鹉

■ 千湖沙漠

■ 黑金城

巴西的土地利用率不足30%，土地资源的开发潜力巨大。外国投资者购买了大量的土地，其中以美日韩为主，中国买家也购置了不少，其中以重庆粮油投资的土地最多。重粮集团是以每平方米不足3元的超低价格，投资57.5亿元，购买了300多万亩地。一位朋友曾问我是否买地，一公顷土地只需1250雷亚尔。我十分惊讶，计算了一下，约合0.25元（人民币）1平方米啊！真让人心动，为此我到现在还做着地主梦，憧憬着另一种场景，或带着牛仔帽骑着马在农场里巡视，或开着大型拖拉机在颠簸中驰骋。每当看到投资巴西的中资企业获得了巴西政府无偿赠送的土地，自认为占了很大便宜沾沾自喜时，就想告诉这些企业家，巴西的土地不值钱，特别是偏远地区。而改造这些土地，达到环保和建厂要求却要投入巨额资金。

巴西的旅游资源不能仅仅用“丰富”二字形容，亚马逊河是世界上流域最广、流量最大的河流，亚马逊平原是世界上面积最大的平原，亚马逊热带雨林蕴藏着世界最丰富多样的生物资源，被誉为“地球之肺”。观黑白河交汇，与粉红海豚嬉戏，探访印第安部落，钓食人鱼，以及吃重达上百公斤的巨型金龙鱼，这些都会成为永生难忘的记忆。气势磅礴、规模宏伟的伊瓜苏瀑布是南美洲最大的瀑布，也是世界上最宽的瀑布，置身其中，不由感叹大自然之壮丽。费尔南多岛被冠多个“全球”称谓：全球蜜月圣地、全球潜水胜地、世界最佳拍摄地之一、最值得一去的全球旷世美景胜地等。潘塔纳尔湿地是世界上最大的湿地。巴西的国鸟——大嘴鸟以及《里约大冒险》中的金刚鹦鹉在这里漫天飞舞，巴西国花风铃木点缀其中，花开时节宛如世外桃源。北部圣路易斯附近的沙湖，呈现的则是大海、沙漠与湖泊相互交融的奇观。累西腓、纳塔尔、福塔莱萨、黑金城、小瑞士……旅游胜地不胜枚举。

当年巴西遭受了葡萄牙人的掠夺，据史料记载：“所有来到这里

的人，没有一个热爱这个地方，他们想为自己捞好处，哪怕以这片土地为代价，因为他们都希望离开。许多人宁肯不让灵魂升入天堂，也想看到大量装满黄金的船只驶离巴西。”尽管如此，巴西仍被誉为未来之国，很多方面都有未开垦的处女地。毫不夸张地说，巴西土地肥沃，地上植被茂盛，如果发现一块土地上面不长植被，那么下面一定会有矿藏。

从全球各国看，巴西是资源禀赋和人口数量比例最好的发展中国家，没有之一。但受制于文化、怠政、思维习惯等原因，巴西始终在蹒跚徘徊着前进。如果巴西人有中国人十分之一黄土刨金的干劲，特别是有想做事的投入，假以时日，定当令世人刮目相看。巴西的节奏一点也不像其国旗上写的箴言“秩序与进步”那样，也许巴西的先贤认识到这是解决巴西问题的根本措施，对巴西而言又很难做到才这样写吧。

■ 巴西机场

巴西交通

地大物博的巴西，交通状况实在不敢恭维，一直是朋友们吐槽的话题。

如果说高大上的一面，那就是圣保罗的直升机了。该市的直升机拥有量排名全球城市第二，仅次于纽约，但毕竟是财阀、政治家才能享受，非普罗大众所能企及。

巴西的航空业还算说得过去，由于巴西疆域辽阔，飞机是唯一可以当天抵达各地的交通工具。当地主要有三家航空公司，分别是TAM航空公司（天马航空公司）、GOL航空公司（高尔航空公司）和AZUL航空公司（阿苏尔航空公司）。

TAM是巴西最大的航空公司，经营国际及国内航班，经营规范且正统，因此乘坐TAM的飞机比较麻烦，如自助登机时要填一大堆信息。由于声誉较好，它是一些公司中高层的首选。2015年智利最大的航空公司LAN与TAM宣布成立新航空公司：LATAM。TAM从此成为历史。

■ AZUL 航空

GOL是巴西第二大航空公司，给人的印象真的一般，飞机上除了水之外，食品和饮料均要付费。

AZUL是巴西的一家低成本廉价航空公司，是巴西国内航空市场的第三大航空公司。所谓低成本，据说是因为运营飞机主要为巴西自产的支线小飞机（巴西生产的支线飞机占到全球市场45%的份额）。我对AZUL情有独钟，但周围人对AZUL的担心，却让我印象深刻。在一次重要接待任务中，为保证行程万无一失，我们准备了两套飞行计划。其中就有乘坐AZUL飞机的方案。因其飞行时间最为合适，贵宾要求乘坐。我们回答："这是巴西生产的飞机，担心飞行安全。"贵宾问："出过事吗？"我们答道："没听说过。"贵宾说："是福不是祸，是祸躲不过，出发。"没想到出奇的好，服务好、吃的也好，有很多小食品可供选择。每排只有4个座位，比通常的少两个，而且是真皮座椅。贵宾很满意，我们的心情也舒畅。2016年初，中国海南航空公司以4.5亿美元（约合17亿雷亚尔）的价格，收购巴西Azul航空公司23.7%股权，成为其最大的股东。国航的朋友说收购比较成功，两家风格原先就相似。

巴西的国内线路飞机没有头等舱，也没有商务舱。第一排是留给年龄大的或身体情况需要照顾的乘客，在网上或自助机上办理登机，不会提供第一排，其他人员如想坐第一排要么靠运气，要么去柜台办理并交一笔额外的费用。说到飞机，不得不说巴西机场，由于航空业发达，飞机场遍布各大城市，大小不一，数量超过4000个，仅次于美国，位列世界第二。安检时紧时松，但基本可以带矿泉水上飞机。不可思议的是，机场的登机口会随时变换，因为听不懂葡萄牙语，如果按登机牌上标注的登机口傻等的话，估计八成要误机。很多物品限制入境，也许是知道中国人喜欢带好东西，针对中国人的入境检查很严，我基本每次入境都受到盘查，香肠、火腿悉数没收。在巴西旅游感觉就是贵，特别是坐飞机。精明的航空公司每当公众假日机票就大幅涨价，中国的机票有全价票的概念，在巴西没有全价票，没有最贵只有更贵，令人咋舌。我在巴西因公或个人遇到过很多状况：丢过行李，在来宾回国后才找到；我跟同事结伴旅游，同事因故退票，到机场办理登记手续时，却发现我的票被退了，而他的还在；送领导去机场时严重堵车，原本40分钟的车程，提前3个小时竟然没赶上飞机；在中国国内购票从巴西赴巴拿马，已经确认购票成功但办理登记手续时居然没有任何购票信息；已经登机5个小时还是被告知飞机取消，被迫又等了24小时才飞，原本对巴西印象不错的领导忍不住气愤地说：什么金砖，简直是土砖！

巴西铁路建设起步较早，第一条铁路于1854年建成，全长14.5公里，但巴西的铁路发展惊人地落后，运输效能很低，目前仅占全国运输总量的20%左右，平均时速仅为25公里，远低于全球时速75公里的平均数。中国人如果想怀旧可以坐坐巴西的火车。原本计划在2014年世界杯时开通的圣保罗至里约的高铁，可惜一直处于蓝图阶段，遥遥无期，到2016年里约奥运会时依然在论证阶段。

落后的铁路系统为中国铁路企业带来了机遇。现在众多带“中铁”字头的企业涌入巴西，由中国主导，规模雄伟的“两洋铁路”开始规划。“两洋铁路”将东起大西洋海岸的里约热内卢，向西北方向延伸，跨过多个资源丰富的州，最后从巴西进入秘鲁境内，并在秘鲁的港口入海。这一铁路全长将达5000公里，中国官方媒体报道称，初步预算将达600亿美元。巴西方面强调，这一工程非常重要，减少了向亚洲市场输送商品材料的时间和成本。然而该项目进展缓慢，一方面快中国遇到了慢巴西，巴西慢悠悠的效率根本不理会你有多大的格局，或有多大的战略意义。另一方面巴西的政体互相掣肘，没有实实在在眼前的利益，很难做出理想的决策。还有巴西本土上铁路过去的规划是南北方向，要他们转成东西方向也是有很多工作要做。巴西政府部门也有很多官员非常重视“两洋铁路”，甚至专门发起成立了“铁路联

■ 划过天际的飞机

盟”，在各种场合推销宣传兴建新的铁路线路，然而有官员冷嘲热讽地说：我敢说100年之后还是在讨论阶段，不会开工建设！总之，性格特征截然相反的两个民族，就像步伐和节奏完全不一样的舞者，各跳各的还行，硬拉到一起，不是踩脚面就是踩脚后跟。

公路在巴西交通占据着极为重要的位置，货运量占全国运输总量的60%以上，很多路段的管理权属于私企，

■ 圣保罗拥有车辆超过 800 万台

■ 出租车司机抗议 Uber（中文译作“优步”）

政府规定了收费上限以及定期维修的要求，总体感觉收费不高，从圣保罗到里约路过5个收费站，最高一处收取10.8雷亚尔，其他的基本都是3.8雷亚尔，当然每年都有涨幅。有的收费站逢节假日车辆排队严重的时候，会增加收费员，他们会走出收费站直接到排队等待的车边收费。

巴西河流纵横，为水路运输创造了良好条件。水路运输能占巴西货运的10%，内河运输价格大约为铁路的1/2、公路的1/5。巴西最大的港口为桑托斯港，里约热内卢为第二大港口。

巴西地铁发展缓慢，只有少数几个城市有地铁。曾经看过一张北京地铁和圣保罗地铁比较图，相同的年限间隔，北京地铁线路前后对比明显，由稀疏变为密网，而圣保罗则变化很小，只是在原来线路上增加了长度。北京地铁目前长度近600公里，而圣保罗地铁目前长度只有300多公里。

巴西的生物燃料使用广泛，是世界上最早以立法的手段强制推广乙醇汽油的国家，甘蔗提炼乙醇的技术非常先进，有着显著的经济、环保和社会效益。

圣保罗的公交较为发达，车次频繁，主要干道都有专门的公交车道，其他车辆不允许占用，有的允许或固定时间段允许出租车行驶。发源于巴西城市库里奇巴的BRT系统，正逐步走向全球各大城市。公共汽车的车头会标明线路号和终点站，但却少有标注沿路途经站名。公交有售票员，并有通道闸机，前门上后门下，如果需要下车到站前要按按钮。地铁和公共汽车是普通民众最基本、最经济的出行工具，特别是在圣保罗这样的超大型城市里，上班族花费在路途上的时间大多1个小时以上，每月交通费的支出占月收入很大一块，难怪地铁公交涨价便会引起大规模的示威游行。2013年因地铁公交涨价甚至爆发了20多年来规模最大的一次示威游行。

巴西出租车行业以个体经营为主，花几百雷亚尔就可以申请一个开出租的许可，每年再花1000多雷亚尔的计价器使用费。车辆可以自己买，也可以租用出租车公司的车辆。巴西有详细的法律、法规约束出租车行业，城市路边设有很多出租车停靠点，供出租司机休息并有电视可以观看。因为巴西不限制出租车司机的年龄，经常可以看到很多老人开出租车，70岁以上的出租司机不在少数。我儿子去他同学家做客，同学的爷爷84岁了，老爷子车开得飞快，闲下来就喝啤酒骂总统。虽然Uber遭到了出租车司机的抗议抵制，但最终还是通过法案允许Uber及其叫车服务在圣保罗合法运营。而且圣保罗不像其他国家城市那样从Uber收取固定额度的管理费，而是根据每个行程的公里数收取费用。

巴西城市不限制摩托车上路，在拥挤的道路上摩托车绝对是一道风景线，他们沿着道路中线行驶，穿梭于车辆之间，基本不受堵车之苦。摩托BOY也是巴西特有的职业，主要从事快递、送餐，经常可以看到马路上背着大箱子的摩托BOY，由于效率快，在巴西被广泛使用。

开车在巴西无疑是相对好的选择，当然最好是短途。我曾经从圣保罗开车去Ilhagrande（大岛），本来5个小时的单程因为恰逢假日堵车，竟然开了13个小时！我到巴西的其中一个收获是练习了车技，在圣保罗这么复杂的路况和超过北京的拥堵情况下，车技想不提高都难。圣保罗的道路较为复杂，道路万条且有很多单行线，在水泥丛林中很难辨别方向，在里约就稍好些，市中心的耶稣山就是非常好的地标。

巴西的驾驶本，如果按照正规程序比较难办，首先是要用葡萄牙语考试，要笔试、体检以及路考等。在圣保罗开车经常被开罚单，通常是因为超速、乱停车、走错单行线以及不注意限号时间，驾驶证积分有21分，一年内扣完就要重新办理，扣分方式与国内不同，为滚动扣分不按自然年份，让驾驶员始终没有如释重负的感觉，可以提高驾驶员开车遵纪守法的意识。但是如果车辆登记在公司名下，也可交两次罚款，不用提供驾驶员信息。巴西的驾驶证用途很广，上飞机、住酒店可以充

■ 水上加油站

当证件使用。

巴西同中国一样也是靠右行驶，一般路上都有限速，非高速路上还有很多减速带，巴西的行驶道路通常很狭窄，国内两车道的路宽在巴西就要三车道。停车场的车位一样狭窄，三个车位相当于国内的两个，正因为停车困难，巴西催生了一个新兴职业——泊车boy，当你去饭店、对外经营的停车场，都由泊车boy代为停车。圣保罗停车费很贵，一般计时收费，也有不计时的，圣保罗的一些非主要干道在一定时间段可以免费停车，也可以付费停车，需要提前购买停车券，上面可以手工填上车号、日期和停车时间，填好放至驾驶台上对外展示。这些停车票可以在很多地方购买，每张不超过5雷亚尔，可停车一小时（前些年只要1.5雷亚尔），有类似交通协理的人管理，他们会检查填写的时间是否超时。此举一是缓解了停车场少的问题，二是增加了政府收入。自2016年7月开始，圣保罗启动电子停车卡（蓝卡），驾驶员停车时可以通过手机软件购买蓝卡，此举可以方便驾驶员，同时减少蓝卡作假的情况。交警只要用专用设备对准车牌，就可以立即查明车辆付费情况。

在巴西租车也很方便，但要注意的是驾驶员必须与登记时的驾驶员一致，否则一旦出现事故，租赁公司将让租车人承担损失。与国内车险不同，巴西这边的规定是每辆车都有最低的免赔额，比如免赔额如果是2000雷亚尔，那么按规定，保险公司只承担2000雷亚尔以上的损失额，低于2000雷亚尔保险公司不承担，所以，免赔额以下的损失不需要找保险公司。

巴西查酒驾也比较严格，但巴西法律有很人道的地方：可以不用证明自己有罪。对警察递过来的酒精测试仪，你可以拒绝吹，警察不能强迫。

巴西以慢著称，但巴西的司机开车很猛，开车快、花钱快、上床快并称为“巴西三快”。

朵颐

我的一个读小学的外甥在作文里写道：现在生活好了，过去是有什么吃什么，现在是想吃什么有什么。异曲同工的是在圣保罗，只有你想不到，没有你吃不到。巴西是移民国家，全球各地的人都汇集到巴西，连华人到巴西也有200多年的历史了。民以食为天，“吃”当然是最重要的一件事了。

最有名的要数巴西国菜——巴西烤肉。据说巴西烤肉发源于南部南大河州（Rio Grande do Sul）。巴西的牛比人多，所以烤肉作为制作工艺简单的佳肴，在巴西随处可见，当然巴西烤肉也风靡全球。巴西烤肉主要以烤牛肉、火腿肠等为主。外出野餐一般都少不了烤肉。过去以放牧为生的南部人习惯聚集在篝火旁烘烤大块的牛肉，烤牛肉一般不加佐料以免丧失牛肉的原汁原味，只在牛肉表面撒上大粒的粗盐，通常用木材或木炭烘烤，随着油脂溢出，牛肉慢慢变得外焦里嫩，香气四溢。

牛全身被分为20多个部位，不同部位的价格相差很多，最好的要算picanha和cupim了。picanha位于牛臀上方，肥瘦相间肥而不腻，汁味香浓，巴西烤肉的广告片上展示的牛肉基本上都是这个部位，这也是我的最爱。cupim是巴西牛特有的部位，位于牛脖子后面的突峰，是肉质鲜嫩的部位。但当地华侨告诉我，给牛打防疫针时就从牛峰的位置注射，自此我基本不吃这个部位了。

而著名的烤肉店有连锁的Fogo de Chão（拥有众多分店，在美国的分店甚至多于巴西）、Porcao（号称“大猪头”，在里约湖边上的这家风景极佳，面包山近在咫尺，但是不知是何原因关门大吉了）以及Bovinus，同样是连锁店，在Reboucas路上的也称“草房子”。这些餐厅都是自助餐，服务生穿着特定服装，手持长刀举着烤肉叉穿梭于食客之间。每个餐桌上都有YES或

NO的牌子，只要牌子显示YES，烤肉就会源源不断地送过来，直到你将牌子换成NO。如果不注意，就会体会到吃撑还不如挨饿的感觉。还有一家以“NB”命名的烤肉店，小众，但是口味特好，有自己品牌的酒，感觉很棒。

2015年5月，李克强总理访问巴西，巴西牛肉对中国解禁，正宗的巴西牛肉端上了国人餐桌。巴西的商店里关于烤肉的物品一应俱全，各个部位的牛肉、烤肉用具甚至木炭都应有尽有。公寓一般都有公共的烤炉，可以自己烤，也可以花几百雷亚尔聘请到厨艺高超的烤肉师傅。亲朋好友假日郊游，围着汽油桶改造的烤肉架自助烤肉，炊烟缭绕，垂涎欲滴，好不惬意！

■ 方便随意的自助烧烤

■ 家门口自助餐厅的烤乳猪

巴西著名的烤肉店
Fogo de Chão

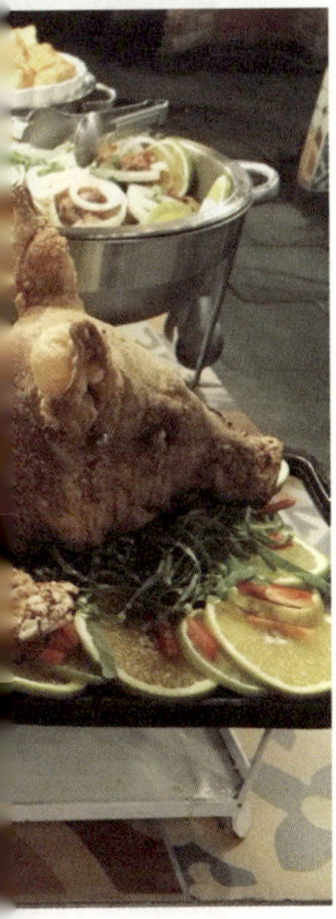

另一道著名的巴西国菜是Feijoada，意为“豆子炖肉饭”，又名“奴隶饭”、“黑豆饭”。相传在巴西被葡萄牙统治的时期，吝啬的奴隶主为了省钱，将不值钱的豆子和肉杂碎混杂在一起煮给黑奴吃，后来奴隶的身体逐渐强壮，奴隶主终于发现一切源于奴隶吃的大杂烩！现如今“豆子炖肉饭”摇身一变，堂而皇之地成了巴西最有名的招牌菜。“豆子炖肉饭”是把黑豆、猪脚、猪耳、腊肠、腌肉等放在锅里一起炖制而成。所用炖锅，类似中国的砂锅，黑色或褐色。如果在黏稠的表面，再加上木薯粉，营养价值会更高，含有丰富的胶原蛋白和豆蛋白。一般配巴西特有的大米，在饭店先用盘子盛些大米，再在上面浇上黑豆。圣保罗很多饭店每周会在固定的日子出售此菜，如位于圣保罗第二高的意大利大厦顶楼的餐厅，周六中午的自助餐就是“豆子炖肉饭”。一边品尝奴隶饭，一边欣赏鳞次栉比的高楼大厦，很是享受。“豆子炖肉饭”在巴西随处可见，也是外国来宾到巴西必尝的菜品。

自助餐不稀奇，但“公斤饭”相信很多人都没听说过，我也是到了巴西后才知道公斤饭的。在圣保罗，这种饭店遍地都是，饭店里各种菜品按照自助餐的形式摆放，选好饭菜，称重后收费，因为巴西以公斤计量，故称公斤饭。我一般是不会要西红柿切片的，这是由于一片西红柿跟一块烤肉的重量差不多。公斤饭的品种很多，水果、饮料另外计费。有的饭店会免费提供一杯水果丁，所以我们会尽可能盛得满满的，也有免费提供小饼干和咖啡的。奥古斯塔大街（Rua Augosta）上的一家2015年开的公斤饭餐厅推出了“超过39雷亚尔只收39雷亚尔”的优惠活动，结果我用39雷亚尔吃了53雷亚尔的饭，这也是我吃公斤饭吃得最多的一次，挺没出息的。

美食当然离不开美酒。巴西的红酒不如阿根廷和智利的出名，巴西的甘蔗酒则很有感觉，巴西的国酒当属用甘蔗汁蒸馏而成的烈酒——卡莎萨(Cachaça)，酒精度40°，档次很多，便宜的一瓶不到2美元，家里烧菜有时就用它；贵的也有上千雷亚尔的。而凯冰琳雅（Caipirinha）则更为巴西大众喜爱，凯冰琳雅属于鸡尾酒，主要由卡莎萨调制而成。制作方法很简单，用柠檬、百香果放在钵中加入粗砂糖捣烂，加冰块，再加卡莎萨即可。一杯在手，清爽宜人，很有情调。我过生日时，两个可爱的巴西女同事“众筹”送了我一套制作凯冰琳雅的工具。

巴西是世界上最大的咖啡生产地，巴西的咖啡自不待言，咖啡饮品“小咖啡”(cafezinho）为广大巴西民众喜爱，杯子非常小，味道浓烈。巴西的水果种类丰富，很多不知名。曾经买过一种水果，研究半天不知道如何吃，后来才知道这种水果主要是用来榨果汁的。巴西的水果在不同市场差价很大，市场上的小商贩通常都很热情，会主动让你品尝。最著名的水果当属号称“生命之果”的巴西阿萨伊（Aça í ）和号称“巴西人参”的瓜拉娜（Guaran á ）。阿萨伊通常用来制作冰淇淋，瓜拉娜则一般被制作成果汁汽水，堪称巴西国民饮料。

■ 巴西特色美食蓝螃蟹

■ 里约的海盗船酒店

■ 圣保罗大型农贸市场

巴西面包种类繁多，各式各样。还有一种海鲜饭，名曰墨凯卡（moqueca），是以鱼、虾等海鲜配上洋葱、西红柿、辣椒、椰子汁及棕榈油炖煮而成，配上米饭，也是别具一格。

在圣保罗和里约，各类饭店风格各异，世界顶级饭店不在少数，米其林各等级挂牌饭店也有几十家，有的甚至要提前一个月预定位置。以我个人的感受，有些酒店确实不俗，成为华人圈里的社交场所。Figueira Rubaiyat，俗称大榕树酒店，以店内巨大的无花果树闻名，该树之巨大说有千年都有人信，可实际树龄据说不到百年，几年间去过多次，不知是何缘由，店员竟然穿着中式的对襟褂；Marius Degustare，俗称海盗船酒店，在里约Copacabana沙滩边上，酒店装饰千奇百怪，就像进入了海盗的巢穴，墙上贴着各种盘子和酒瓶（也有不少中国酒瓶），屋顶上悬挂着各种奇特物件。厕所里灯光幽暗，摆放着各种奇怪的东西，你甚至不敢相信堆满冰块的槽子就是小便池，真是在惶恐、惊奇间上完厕所。用餐期间，穿着酷似海盗的店员时不时故意打碎盘子，引来阵阵尖叫。

巴西是除日本本土之外日本人最多的地方。日本人来巴西200周年的时候，日本皇太子专门到访慰问侨民，在东方区街道两旁的路灯都是日式风格，日餐随处可见。圣保罗也有专门的韩国区，大门韩国烤肉口味不错。巴西人爱养宠物，狗是巴西人喜爱的动物，所以巴西的韩国饭店是没有狗肉吃的，曾经有韩国餐馆偷偷卖狗肉后被告发，导致关门大吉。老侨告诉我，过去在市场买肉，猪下水没人吃，都是不要钱白送的，甚至老板会问你住哪，定期给你送猪下水，因为当垃圾扔了还不如送人好。慢慢地，华人多了，猪下水开始要钱了，但还是相当便宜。我买过几次大骨头，10多公斤一大袋子只要几块巴币，跟白送的差不多。

中餐馆的竞争在距国内2万里的海外也是异常激烈。新装修的花园饭店以其档次、菜品以及侨界的人缘，人气逐渐胜于根植多年的西湖饭店，还有一个重要原因是西湖饭店离市区较远，赶上晚上下班高峰，有时去饭店的路程就要两个多小时，再好的饭店也要受影响。荣和饭店的老板是青岛人，以快餐为主，有自己的特色。谷香村饭店老板则是山东菏泽人，虽然饭店店面不大，黄鱼水饺和羊肉汤是饭店的招牌菜。在东方区竟然有饭店名叫“泰山饭店”，这叫来自泰山的我心中称奇。老板是台湾人，但去过多次从未遇到，整个店面工作人员都是巴西人，却是鲁菜风味，菜量奇大、菜价高昂。

很多巴西人都会去饭店过生日，常常一大帮子人庆祝，饭店单独对过生日的人免单，大家拍着手热闹地唱着巴西的生日快乐歌*Feliz Aniversario*！

■ 西班牙风格的餐厅

哈瓦那

有人说哈瓦那（Havaianas）拖鞋不就是人字拖嘛，不要小瞧这种夹脚拖鞋，在巴西可是年销售量过千万双的！它的前身可以追溯到100多年前。虽然在巴西只卖几十雷亚尔，但在中国可要大约5倍的价格。有人开玩笑说，巴西人去美国旅游带一箱哈瓦那拖鞋去卖就够旅行费用了。我原本不习惯穿这种夹脚的拖鞋，到了巴西后闲暇时学着跟巴西人一样上街穿拖鞋，还真有一种自在和洒脱。

巴西电视台还有这样一则广告：一家人在看电视，儿子突然发现爸爸脚上只穿了一只哈瓦那拖鞋，问他另一只去了哪里?爸爸的回答则用动画表现，另一只鞋已经飞到远方的朋友那儿。这是巴西的一种游戏，买一双哈瓦那，然后将其中一只寄给远方的朋友，没准哪天有人也会寄给你一只，然后就凑成一对了。

巴西的鞋子真心不错。除了哈瓦那之外，各种鞋子琳琅满目，特别是女士鞋，著名的有Melissa（梅丽莎）和Arezzo（音译：阿雷佐）。

鞋子只是巴西特产的缩影，一个产业产品做得全国家喻户晓，小产品带动大经济，成为一个国家的名片。每次休假都要考虑，带点什么特产回去呢？来了朋友和代表团也琢磨有啥可带的？有一种必带的东西——蜂胶。巴西的蜂胶在日益重视健康的当今，越来越火。蜂胶是由树脂、蜂蜡、精油与花粉组成的混合物。巴西的蜂胶是世界公认的高品质蜂胶，因为巴西蜂胶含有更多营养成分且具有独特的自然香味。有一种说法我很认同，产生蜂胶的两个因素一是植物，二是蜜蜂。巴西独特的地理环境适宜病原菌繁殖，经过大自然淘汰留下的植物富含较多的天然抗生物质，这就使蜂胶有了好的基础。另一方面，蜜蜂为抗击更严峻的环境侵害，制造蜂胶的能力更强，成分

■ 哈瓦那总店门口的巨鞋广告

更加复杂，加上巴西亚马逊无污染的环境，使巴西蜂胶有害物质更少，成为最安全的蜂胶。蜂胶好，蜂蜜也自不必说，而且巴西这边假蜂蜜少，因为物产丰富，造假的成本不合算，当然巴西人有信仰也是重要原因。

巴西是出产水晶的大国，其水晶储量约占世界总量的90%。水晶制品是巴西非常重要的工艺品，象征财富的水晶洞和聚宝盆，在巴西工艺品市场上很常见，买家以中国人居多。特别是聚宝盆，近几年越来越火，名字肯定也是拜中国人所赐，销售的最终目的地不用问，十有八九去了中国。

在巴西南方，我参加过一个宝石展，里面有很多水晶展位，中国采购商穿梭其间，他们的采购都是大手笔，常常在一个产地一住就是很长时间，采购量都是以集装箱为单位。我在一个展位上看到不错的聚宝盆，跟摊主砍价，谁知人家不卖，要卖全包圆，跟中国采购商打听，他们也是包圆按重量买，精品的价格回国后会翻很多倍。我们一行数人在一家水晶店里采购了几块大的聚宝盆，好说歹说，老板才单独卖给我了一块小聚宝盆，有2公斤的样子，只收了25雷亚尔，让我感觉捡了好大的便宜。

水晶还被制作成首饰和其他工艺品，感觉只要是中国人喜欢的，在巴西都不便宜。我曾买过一个还不错的发晶手串，回国时比较了一下价格竟相

■ 巴西水晶洞

水晶洞仓库

巴西水晶聚宝盆摆件

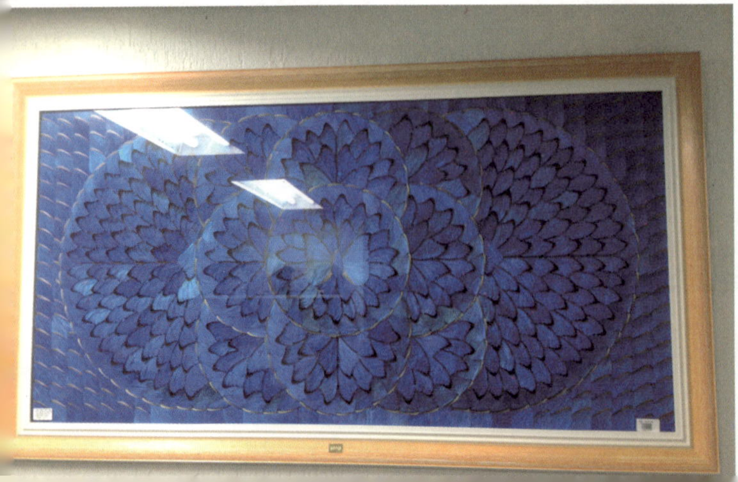

西水晶聚宝

差不多，顿时心里有点小失落。

咖啡作为曾经支撑巴西经济的特产，其重要性自不待言。正如巴西民谣唱的：“咖啡一定要像魔鬼一样黑，像地狱一样热，像天使一样纯，像爱情一样甜。”巴西还有一种特有的茶，名曰“马黛茶”，来巴西不久就在同事的橱柜上看到像葫芦一样的摆件，里面插着一根金属管，很好奇地打听，才知道这是喝马黛茶的容器。有人说马黛茶与咖啡、中国的茶并称为“世界三大茶”，搞不懂咖啡怎么成了茶？原先只听说过世界三大饮料，分别是咖啡、可可和茶，算我孤陋寡闻，不过早在印加帝国时代，马黛茶就是南美洲人民在日常生活中常喝的茶。我也想买一个马黛茶壶当摆设，找了很多卖家所售的茶壶都算不上精致。后来去阿根廷旅游，才买到了一个有感觉的马黛茶壶。

巴西南部喝马黛茶的人比较多，圣保罗、里约这种大城市比较少，有时看到巴西人三五成群坐在一起，一边聊天，一边喝着“葫芦”里的东西，容器里面装满了绿色粉末状的东西，就是马黛茶。令人惊讶的是巴西人喝马黛茶经常是几个人喝同一壶，用同一个吸管，就这么转着圈喝，太不卫生！

巴西的红酒这些年开始迎头赶上了，但是比照邻国智利和阿根廷还是有些逊色，应该是纬度不太一致，适宜酿酒的葡萄欠佳。我买了一瓶6升的特大号巴西米奥罗红酒，留着儿子考上大学再喝。

巴西还有一种工艺品，那就是堪称美轮美奂的蝴蝶

巴西蝴蝶盘

制品。蝴蝶制品以仅生活在巴西的蓝蝴蝶最为著名，这种蓝色蝴蝶会发光变色，时而深蓝，时而湛蓝，时而浅蓝。由于濒临灭绝，政府目前已开始逐步禁止扑杀。

我在巴西南部买过牛皮，1000多元人民币一张，巴西虽说牛比人多，但是购买地不同，价格相差太多，一大整张牛皮和一双皮鞋的价格差不多，也值了。

■ 圣保罗卫星城小市场地摊

日本店

在圣保罗中资企业员工圈里一提日本店，或者说“日本老头”，都知道说的是哪家店、哪个人。估计这是在圣保罗唯一与“东亚”、“吴胖”等华人商店齐名的非华人商店。日本店位于东方区，门面很不起眼，门口橱窗里放着很多水晶球和巴西金刚鹦鹉及大嘴鸟的水晶雕刻摆件。里面的三排柜台和货架把一个100多平方米的大房间挤得满满当当，在里面穿行生怕碰掉东西。连墙上也挂得都是，楼上估计主要是仓库。

日本店销售巴西特产，小产品、小礼品、小工艺品等，凡是有巴西特色的东西大都有销售，但更主要更关键的是这里销售各种类型的巴西宝石。富饶的山川经过岁月积淀，孕育了无价的宝藏，巴西是世界彩色宝石的主产地，除钻石、红宝石、蓝宝石外，巴西出产各类宝石总量约占全球总产量的三分之一，是名副其实的宝石之国。巴西矿藏遍布全国，宝石产区在米纳斯吉拉斯州、南里约格朗德州、巴伊亚州、戈亚斯州、帕拉州和托坎廷斯州等都有分布，盛产钻石、祖母绿、碧玺、海蓝宝、蛋白石等珍贵宝石，还有紫水晶、玛瑙石、黄水晶、托帕石，其中最特殊的是只有巴西才有的——帝王玉和巴拉伊巴碧玺。日本店靠这些比磁铁吸引力还强的五光十色的宝石吸引了这些中资企业的人不断聚集。虽说是个小店，可不是浪得虚名，每年对中资企业员工的销售额少说也有数千万。

“日本老头”的经营方式还是有独到之处的。经过各家公司谈判，根据销售量不同执行不同的折扣，一经确定，该公司上至领导下至一般人员执行同样的折扣。我原来的老板曾经跟日本店老头发生争执，原因是有一次我的老板去店里买东西，要求在谈判的基础上再打些折扣，但日本店老头“不识时务”一视同仁，公司老大来了也没有额外的优惠。如此一来，各公司

■ 日本店销售的宝石

去买东西也都相对简单，不再讨价还价。但中国人是聪明的，优惠程度低的公司人员想买东西，会委托优惠幅度大的公司人员代买，日本老头会视而不见，抑或这种视而不见是更聪明？甚至有时朋友去砍价无果，老头会主动让其联系折扣高的中资企业员工。让你感到得了便宜，没准是他的狡猾之处。

中资公司的这些精英们为何都来这家店？除了日本店的销售策略，更关键的是好货、好价加上诚信。巴西有两家在世界上著名的宝石公司，分别是H.Stern和Amsterdam Sauer，但是价格也非常高，差不多质地的宝石在日本店价格基本一样，只是货币单位不一样，日本店是雷亚尔，而其他两家是美金。好事者比较过日本店的货，不比其他两家差，宝石这种东西看的是质地，只要是好东西谁会太在意牌子？老头卖东西很讲究，加工过的、有瑕疵的都会主动说明，买回去如果有问题都会包退。我曾经为老婆选了一颗巴拉伊巴碧玺，老头当时只有三颗，我让他帮我选一下，结果他为我挑了最小的，最便宜的，他说这颗品质最好。如此为客户着想慢慢地我也开始相信老头了，尽管态度还是那么不温不火。熟悉了以后东西可以先拿走，甚至字都不用签，有时月工资的大部灰还了宝石账，我跟日本老头开玩笑说我每天都在为他工作，他则狡黠一笑。

老头虽说比较诚信，好的货色会带美国认证证书，但在价格上一点也不含糊。买他的裸石可在他那有偿加工，提供一条龙服务，他定价基本是按照美金计价，美金涨幅有了变化，他这边都会跟着调价。慢慢地，宝石的价格涨幅远远跑赢了巴西的通胀涨幅，尽管比国内还要便宜很多，但是购买热情已经大大降低。

其实，日本店也不能称之为完全意义上的日本店。当你问在巴西的日本后裔是哪里人时？一般不会回答是日本人，而说是巴西人。我一直在想，如果联系上日本店的供货商，能便宜多少呢？没准过一段时间会换个更便宜的地方，毕竟日本店不是厂家直销。我也去过中国人开的店里买东西，沟通没问题但是心里不踏实，有句话说，巴西真的东西加工后像假的，中国有些假的东西加工后像真的。

■ 日本店销售的水晶摆件

第三章

巴西素描

足球作为世界第一运动，在巴西更是当之无愧，巴西也因足球誉满全球。据统计资料显示：巴西踢足球的人口超过3000万，而巴西目前的总人口数才不过2亿。当今世界十大足球场中，半数以上是在巴西。其中号称世界最大的马拉卡纳足球场，是1950年建成的，最多时可容纳20万人。早在1933年，巴西就成立了首支专业足球队，实现了职业化。

足球王国

对于足球明星，从小看黑白电视的时候印象比较深的就是贝利，非常受人崇敬，神话般的人物。国际上各行各业的名人，让我排名的话，毋庸置疑球王贝利名列前茅，这是对传奇人物特有的情结。贝利共参加了四届世界杯，拿到了三次冠军，历史上三次夺取世界杯的球员仅贝利一人。知道了贝利，慢慢知道了巴西足球，知道这是一个偏安一隅的足球王国，这个国家的球星灿若星辰："足球博士"苏格拉底、"外星人"罗纳尔多、"足球王子"卡卡以及当今炙手可热的内马尔，不胜枚举。在巴西生活这几年，更感受到足球在巴西以及巴西人心目中的地位。

我的妻子和孩子是2012年11月来巴西的，当时正好赶上巴西科林蒂安俱乐部夺得南美解放者杯。狂热的球迷冲上街头占领了整个保利斯塔大街，鞭炮齐鸣，小汽车纷纷停下鸣笛庆祝，人们挥舞着国旗欢呼跳跃，我们这些在国内循规蹈矩的老实人和好孩子哪里见过这种阵势，惊呆了！想不到的是随后儿子像是找到组织一样很快融入欢乐的人群。妻子和孩子都说他们感觉曾经来过巴西，冥冥之中有感应，看来巴西是有缘之地啊。见过足球胜利之后的欢乐场面，其他庆典基本也找到了共同点，哪怕是示威游行也搞得很欢快，有吃、有喝、有唱、有跳，台上的人义愤填膺、慷慨激昂，台下的人欢呼雀跃、陶醉其中。我跟朋友说，在巴西不管搞什么都得有个好身板，踢球、跳舞自不用说，参加聚会动辄熬通宵，有些还得连轴熬，身体不好是坚持不了的，甚至嗓子不好、中气不足的人也干不了政治，因为你要竞选、要演讲、要声嘶力竭、要有感染力……

足球作为世界第一运动，在巴西更是当之无愧，巴西也因足球誉满全球。据统计资料显示：巴西踢足球的人口超过3000万，而巴西目前的总人

■ 科林蒂安足球俱乐部

■ 踢足球是巴西的全民运动

口数才不过2亿。当今世界十大足球场中，半数以上是在巴西。其中号称世界最大的马拉卡纳足球场，是1950年建成的，最多时可容纳20万人。早在1933年，巴西就成立了首支专业足球队，实现了职业化。目前巴西的职业和半职业球队数量超过2万支，甲级联赛时最多可达到96支球队参赛。

因此，足球俱乐部运作得非常成熟，涉及方方面面，赛事比赛、门票收入、球员买卖、球员培养、品牌运作、广告、公关、赞助、服装、纪念品销售等不一而足，有很多高手从事市场化运作。

据我观察，巴西人有颜色偏执，国旗色是他们喜欢的颜色，黄绿蓝被广泛使用，游行时也要看所代表力量的颜色，如反对迪尔玛总统的游行一般是黄绿蓝，支持迪尔玛的则是红色。而科林蒂安是黑色，球迷宣称他们的血液

都是黑色的。俱乐部外出比赛如果所住酒店的色调与对手的颜色差不多，则坚决不住！

足球在巴西是真正的全民运动，无论是在海滩上，还是在城市的街头巷尾，都有踢球人的身影。巴西的很多球星出身穷苦，足球生涯就是开始于贫民窟，买不起鞋就光脚踢，买不起球就把破布塞上东西缝起来踢。从小与球为友，加上巴西学生通常只上半天课，学业很轻松，有大把的时间玩球，甚至很多贫穷的孩子不上学，基本只有踢球一件事。加上巴西人天生的动感和灵活性，把足球玩出了花，除了手以外全身各个部位都能自如控球，就像黏在身上，炉火纯青如演绎自由奔放的桑

■ 靠足球促销的超市

巴舞。我儿子在巴西学校上学，课余踢球时常常玩一个游戏：在篮球场的一端放一个废纸篓，在另一端比赛看谁把球踢进废纸篓的次数多，技艺多么高超自不待言。家长也非常支持孩子玩球，因为很多孩子通过足球改变了全家人的命运。只要有天赋再加上训练，不仅能脱离贫困，甚至能够成为国家英雄。在巴西只要有好身手就不怕被埋没。巴西有众多的足球学校，年龄小的没工资，年龄大了要付工资，还有大量经验丰富、眼光独到的球探，及时跟踪发现有潜质的选手。

大型足球俱乐部还有负责球迷事务的。巴西科林蒂安俱乐部号称有3000万球迷，俱乐部势力很大，甚至与政治联姻，因为这3000万球迷就是3000万选票，是各政治势力都不可小觑的力量。足球是巴西人的文化生活，也是巴西人的政治生活。每当有重大比赛时，巴西人常常举家前往观战，万人空巷，人群中，那些激情不逊于男球迷的女球迷更是一道亮丽的风景线。2014年世界杯期间，开幕式当天全国放假，当有巴西队参赛时也是全国放假。巴西最高劳工法庭2017年4月3日判定，2014年世界杯期间，巴拉那州的一家沃尔玛超市不遵守有关巴西队比赛时集体放假的规定，属违法行为，因此需要支付每名员工两个工作日的工资。各个公司都为职员配备了电视观看比赛。

巴西几乎人人都是球迷，我的同事通常都很自豪地说他是某个俱乐部的球迷，如果没有钟情的俱乐部，甚至会被“鄙视”的。不懂足球的人是当不上巴西总统的，当年卡多佐总统上台，任命球王贝利出任体育部长一事被传为美谈。2016年11月，发生了一件足球史上的灾难，载有巴甲球队沙佩科恩斯的一架客机失事，机载77人中仅有6人生还。原本沙佩科恩斯是准备前往哥伦比亚参加南美杯决赛，事发后其对手国民竞技发表声明哀悼，并要求将冠军授予沙佩科恩斯。巴西的一些俱乐部还表示，希望巴西足协可以允许沙佩科恩斯在未来三年内不降级，还有俱乐部愿意免费租借球员驰援沙佩科恩斯。这一事件体现了足球的大爱无疆。

THE LOVE
É CRIME!
CPI JÁ!
GRITO
CADEIA PARA OS CULPADOS E CONFISCO DOS BENS!
ELEIÇÕES GERAIS JÁ!
POR UM GOVERNO SOCIALISTA DOS TRABALHADORES APOIADO EM CONSELHOS POPULARES!
PSTU
www.pstu.org.br
WEEDSTOCK
ROUBA MERENDA
PELÉ
10
BUENO

■ 球王贝利的搞笑宣传画

巴西足球的职业化时间很长，有着非常成熟的运作机制和管理模式，早在1946年就建立了体育法庭，处理解决足球界发生的任何纠纷。但这丝毫没有减少足球界存在的问题，政府、俱乐部与足协（CBF）关系不协调，以足球大国自居，观念僵化保守，国家经济下滑也直接影响了球市，优秀球员大量外流，特别是2014年，巴西在世界杯历史上以最大比分失利，1:7输给了德国队，这对巴西人而言是最羞耻的事情，整个巴西由此士气大落，经济也一直走下坡路，即使召开奥运会也没见丝毫转机。还好奥运会上冤家路

■ 鲁能俱乐部在巴西基地培训的小学员

■ 足球英雄雕塑

窄，决赛终于点球战胜德国队，终于挽回一些颜面。

而我们国家的足球基础落后不只是一点的问题，好在国家层面越来越重视，奋起直追，指日可待。国内鲁能俱乐部于2014年在圣保罗州幸福港市购买了青训基地和DB俱乐部，成立了鲁能巴西体育中心，占地约16万平方米，共有7块足球场地。训练基地饮食只提供巴西饭菜，我问起基地领导为什么不带中国厨师来时，他说如果吃中餐跟鲁能在中国的足球学校就没什么区别了，就是要完全按照巴西的模式来，包括饮食。管理人员兢兢业业地在远隔祖国万里的地方默默奉献，个中辛苦难以言表。基地离圣保罗一个多小时路程，平常看不到几个中国人，也买不到中国菜，得到了天空失去了大地，好山好水好寂寞。

在巴西也有很多华人涉足足球业，最著名的是全球十大足球经纪公司的麒麟公司。其创始人和老板李誉鸿，旅居巴西30多年，从当年健力宝青年足球队在巴西集训开始，就与中国足球结下了不解之缘，总共为中国联赛提供了超过百名外援。如今，中超两大豪门球队——广州恒大和山东鲁能阵中南美外援皆出自李誉鸿的麒麟经纪公司。“银狐”里皮以及第一外援孔卡，都是李誉鸿的杰作。2016年初，广州恒大队以4200万欧元从马德里竞技队购入哥伦比亚籍中锋杰克逊·马丁内斯也是他的手笔。我与李誉鸿见面次数不多，但颇为投缘，两人相谈甚欢，属相相同他大我一轮，他给我的印象是内敛沉稳而不失豪爽大气。相信搭上中国越来越重视足球的顺风车，他的足球事业会更上一层楼。

在2014年世界杯开幕式上，一位朋友在邻座竟然与多年未见的老友不期而遇。他们一个在中国买的票，一个在巴西当地买的票，是足球让他们在异国重逢。富起来的中国人常常出现在世界各地，正如世界杯赛场上一个中国球迷的文化衫上写着的话：中国队没来，我们来了。

狂欢节

巴西过去是葡萄牙的殖民地，巴西狂欢节（Carnaval）最早也是由葡萄牙人带入。基督教规定，复活节前有一个为期40天的大斋期，斋期里人们禁止娱乐，禁用肉食，忏悔是大斋期的主题，目的是纪念耶稣受难。于是，在斋期开始的前3天里，人们会专门举办各类狂欢活动纵情欢乐。如今，大斋期的清规戒律很少有人遵守，但各类狂欢活动却保留了下来。

每年，巴西狂欢节的日期都不固定，因为狂欢节在复活节前47天（一定是星期二），而复活节是春分月圆后的首个星期日，受难日就是复活节前的那个周五。春分月圆这种时节，相对公历来说也是不固定的，所以就有了巴西狂欢节每年日期都不确定性。狂欢节在周二，机构部门基本上周一都连休。在圣保罗，更为人性的是由于连续狂欢，较为劳累，通常周三上午不用上班，下午才开始上班。加上周末实际是连续四天半的假期，使人有充足的时间和精力去狂欢和休息。

目前巴西狂欢节已经成为世界上最大的狂欢节，有媒体称其为“地球上最伟大的表演”。我觉得单次表演以2008年北京奥运会开幕式称奇，但每年都有的表演无论是规模还是精彩程度非巴西狂欢节莫属。在巴西各地的狂欢节中，又以里约热内卢狂欢节为世界上最著名、最令人神往的嘉年华。早期的里约热内卢狂欢节规模不

FESTEJA O
SAGRADO
2016

adêmicos
Grande Rio
Carnaval
2016
Mas achei
a bela
SantoS
e por ela
me apaixonei...
Grande Rio
Carnaval
2016
45 a
PISTA
CONTROLE
■狂欢节花车

大，仅限于贵族举行的一些化装舞会，灯红酒绿、尽情欢乐。后来好事者在此期间将乐队搬到了街头，欢快的乐曲与巴西人特有的爱玩基因一拍即合，演变为盛大的街头Party，逐渐成为民众踊跃参与的全民娱乐活动。后来又建成了专门的桑巴舞场，据说桑巴舞场的建设速度奇快，一扫巴西人“磨洋工”的形象。里约狂欢节也由街头移至室内，更加专业化。狂欢节也发展成专业舞校表演和街头大众狂欢结合的全民节日。

也许因为曾经作为首都的里约热内卢的示范效应，带动了狂欢节系列活动在巴西的发展。而里约的狂欢节越来越有程式化的形式表现。里约热内卢狂欢节开幕当天，里约热内卢市的市长亲手将城门的金钥匙交给被称作“莫莫王”的“狂欢节国王”(King Momo)，象征着一年一度的狂欢节正式开始。自此，在长达一周的狂欢节中，整个里约热内卢都要由“狂欢节国王统治”，全体市民将按照自己的方式尽情狂欢。“莫莫王”一般在狂欢节开幕前两个月由市民选出，同时产生的还有一名“狂欢节王后”和两名“狂欢节公主”，这是当选者的无上荣耀。据说按照传统，“莫莫王”的体重要达到120公斤以上，2008年巴伊亚州法院就曾宣布，萨尔瓦多市选出的“狂欢节国王”因太瘦而不能担当狂欢节的统领“莫莫王”。法院出面干涉娱乐活动，这就是巴西，玩也玩得那么认真。

里约热内卢的桑巴舞大赛是狂欢节的重头戏，该大赛的赛事组织已经非常成熟。封闭赛场占地近10万平

■ 狂欢节舞者

■ 狂欢节小丑

方米，两侧是阶梯状看台，中间是桑巴舞队伍行进的通道。每年狂欢节期间，要在这个赛场举行多场桑巴舞比赛活动，众多舞校在这几天里拿出浑身解数一决雌雄。华丽的服装、炫丽的花车、壮观的阵容、精美的编排，构成了美轮美奂的狂欢氛围。严格的比赛升降级制度保证了里约桑巴舞比赛的精彩绝伦，里约大约有数百家桑巴舞校，但能够进入封闭赛场的寥寥无几。参加比赛的舞校要在严格的规定时间内（80分钟）完成表演，演出要通宵进行，热情的观众基本跟着跳一夜。裁判组有非常专业的评判标准，主题、花车设计、服装、音乐、阵容都是具体内容，综合得分最高者为当年冠军，表现差的则要降级。剩余的那些桑巴舞校则在街头巷尾以及其他公共活动区域演出，成为街头狂欢的主力军，为全城的狂欢注入兴奋剂。在包厢里观看演出是非常惬意的，可以休息、交际、吃东西，但参与感强的还是在普通看台，不过我认为最好的还是那些摄影记者，能够超近距离地接触演员、体验氛围，一饱眼福，惹人艳羡。

不狂欢不巴西。2016年我带着儿子专程去里约看狂欢节表演，票价是460雷亚尔，属于倒数第二等。票是2月8号晚上的，据说是最精彩的时间，入场时可以领到各种宣传册，还有每个舞校表演时的曲目歌词，会唱的可以一起高歌，有的宣传册还搭赠安全套，毕竟“狂欢节婴儿”是巴西的一个现象，据说巴西每年12月份新生儿的出生率最高，应该是狂欢节的结晶。

演出共分三个晚上，分别是7号、8号和13号，7号和8号是正式比赛，有说13号是获胜的汇报演出，可能就不怎么卖力了。实际上也不一定，巴西人的演出就是投入地玩。整个方队阵形不要求像阅兵式一样步履一致，不是要横看一条线，竖看一条线，斜看一条线，不差纤毫，而是要“整齐”而不要“划一”，对舞蹈技巧和难度要求并不高，除了掌握基本舞步，别的自由发挥。在队形的边上有很多领队和指挥，拿着灯光棒，指挥着前进、停止

PREFEITURA DE SÃO PAULO

手持桑巴舞校校旗的演员

■ 狂欢节演出

和退回。每排的人数和每个方队的人数都不确定，我感觉每排基本按照服装的大小决定的，如果身着巨大宽幅的盛装，每排只有4个人，其他的也有每排10多个人的。

演出开始时主持人会介绍出场的桑巴舞校和赞助商，每个桑巴舞校逐个表演，每场表演约5千人的庞大演出队伍和花车车队基本占据了长700米的桑巴大道，大约有7个左右的不同风格和设计的花车，精美绝伦，挑战你的想象力！大道边上有矗立巨大的电子钟，记录演出时间，超时要扣分。队形安排一般为：前导方阵10～15人组成，编排紧凑，没有自由发挥；数组花车，有人推的也有机械的，推的人也是载歌载舞。一般最能体现主题，有的一看就知道是啤酒厂赞助的，有的要花一番心思，有的则与主题关系不大。

印象比较深的有一个车上设计有盛满水的池子，一名演员带着装备随着节奏喷着水柱不断升起和降落。还有一个花车组合由一个山形的花车和一只巨大的老鹰身上驮着一个人组成，花车组合成一体时，老鹰不断升高逐渐站到了山顶，人们的欢呼声也达到了顶峰，不断呼喊着“É campeão”(这是冠军)。

数对身着华丽类似宫廷服饰的旗手，边

跳舞边展示所在的学校；桑巴舞者，穿着暴露艳丽，后背插着彩色羽毛，光着臀部，有的甚至上身真空上阵，不停跳着桑巴，遇到节奏强烈时，全身每块肌肉都在跳动；行进方阵的其中一队是打击乐队，有二三百人之多，里面有多名指挥，音乐动感强烈，掌控着整个队伍的舞蹈和演唱节奏；每个学校演出队伍后面紧跟着一字排开的清洁人员，后面是一队自动清洁车，所过之处干干净净，等待着下一队的到来。

在第三个舞校开始之前，观众都往天上看，我也跟着仔细瞧，是三处闪亮的烟火，逐渐熄灭后由远及近，竟然是三位跳伞者，最后都落到桑巴大道中央，观众欢呼沸腾。我以为是组织方安排的助兴环节，儿子说是舞校请来的，不管怎样反正效果是达到了。

要问我的感受：热闹是真热闹，但是我却受不了，从晚上7点开始入场，一直到凌晨5点半结束，巴西的男女老少跳了一晚，我是清醒一阵迷糊一阵。要不是出来也没地方去，肯定是早离开了，后面的时间也一直坐立不安。演出时间超长，巴西人却意犹未尽，即使是打牌我也从来没有玩过这么长时间，何况前天晚上我是坐了一夜的长途卧铺才到里约的，估计以后不会再参加了，即使参加也不会坚持到最后了。

桑巴舞校全年基本就只做这一件事——为了来年的狂欢节！每年的支出巨大，对每家舞校而言，获得好的名次可以得到奖金，并且非常顺利地获得高额赞助，每次演出的主题按照赞助商的设想，可以直白地植入广告。部分学生需要缴纳学费。新华社就曾报道过一位中国大妈以中国舞蹈爱好者的身份在支付了500雷亚尔的服装费后参加了游行表演，当然电视转播权、出售光盘以及演出门票的分成等是重要收入，甚至演出之后的服装销售也会弥补一些支出。总之商业成分越来越占主导地位，并且由于其名片作用愈来愈明显，政府也进一步加大其财政支持力度，交通疏导、城市宣传已经非常到位，吸引着全球各地的游客。

巴西各地的狂欢节有不同的习俗，巴伊亚州首府萨尔瓦多市的狂欢节独具特色。里约的狂欢节重在商业化，而巴伊亚州更倾向自娱自乐，保持它的原汁原味。大鼓等民族特色乐器与现代强节奏的高分贝音响融合在一起，撩拨着参与者欢乐的神经，更能体现巴西的传统。萨尔瓦多市的狂欢节被吉尼斯世界纪录列为世界最大规模的街头狂欢活动，万人空巷、盛况空前。

圣保罗作为巴西乃至南美最大城市自然不甘落后，也按照里约的模式建成了桑巴大道，每年狂欢节期间举办桑巴大赛，但缺乏里约的底蕴，层次和名气还是要逊色不少。但是狂欢的氛围都是相似的。我曾参加过圣保罗狂欢节期间专门举办的街头狂欢，市政府特意封闭了一整条道路供市民去狂欢，从最近的地铁口出来，就听到强劲得引起脉搏共振的音乐，寻声而至，众多的巨型气球在空中飞舞，多量巨型卡车装扮一新，各色广告充斥眼球，引人入胜的是啤酒公司的宣传，清一色穿着性感的美女散发广告气球、广告啤酒杯以及可以戴在头上和手腕上的彩带。小商小贩穿着古怪，几乎每个参与的人都标新立异、奇装异服，年轻的小伙子很多光着上身，文着或写着图案、文字，手拿啤酒随着节奏摇头晃脑，感受着周围的人流逐渐湍急，一群群有组织的群众演员手拿各式乐器在巨型汽车的前方演奏舞动着，汽车的顶部有流行歌星边演唱边调动着人们的情绪。车辆在缓缓移动，人们前呼后拥、载歌载舞，在演出高潮处全场共鸣，热闹非凡，欢乐无以言表。

狂欢节对巴西而言，不仅带来了欢愉，吸引了世界的目光和游客，发展了旅游经济，同时也麻痹了巴西人。陶醉一时，暂时忘掉了货币贬值、通货膨胀、经济低迷。这或许也是一种好处，不然又能怎样?

巴西人素描

在巴西，早中晚问候的中文音译就像一组对话，一直叮嘱你慢下来。他先说“甭急啊”（“早上好”的中文音译），你回答“不大急”（“下午好”的中文音译），他又提醒你“别老急”（“晚上好”的中文音译）。这其实就是巴西人的生活写照，巴西人给人的感觉就是：慢条斯理、自由漫散、按部就

■ 巴西人的幸福指数很高

班、皇上不急太监急。都说巴西人通常没有守时的概念，迟到是家常便饭，但我亲身体会，这点不太明显，重要的会议或活动他们一般很少有迟到的。

巴西人总是骄傲地说："上帝是巴西人。"而巴西也确实得到了上帝的垂青，巴西自然条件得天独厚，素有"地球之肺""矿产宝藏""咖啡王国"和"21世纪的世界粮仓"之称。有人因此质疑上帝，说他太偏袒巴西，但上帝答道：你还没有看看我放在那的人是什么样。当然这纯属演绎，不过巴西人在很多方面确实给人留下不靠谱的印象，但我的一个哥们用他在巴西生活近20年的经验，发自肺腑地说：如果说巴西人不靠谱，更多的是文化上的原因造成的不靠谱，而不是故意为之或是人品问题。中国人信奉"多难兴邦"，没有"难"也就兴不了邦。缺灾少难让巴西人形成了没有危机意识、满足现状、做事懒散的性格。如果说巴西人有忧患意识的话，就要算不储蓄了。因为历史上的几次通货膨胀使得货币贬值严重，所以巴西人担心货币贬值而普遍不存钱。巴西还有"三干净"之说：天干净、脸干净、口袋干净。同巴西人做生意还是要格外注意的，外表看来豪爽但在经济上则是锱铢必较，有的甚至狡黠，曾经在中国生意场上拼杀出来的私企大老板也被涮得晕头转向。通过发生在身边的几个案例显示，与巴西人合作较难成功，他们不会有长远的眼光，更重视眼前的利益。

巴西的文化具有多重民族的特性，形成了来自欧洲、非洲、亚洲等地区移民的民族大熔炉，各色人种混杂，混血人口占比接近第一位，很多人已经说不清祖上来自哪里，有什么血统了。很多家庭拍的全家福，一家人竟然有多种肤色。有人诙谐地说，肤色就像牛奶加咖啡，牛奶多了就白些，咖啡多了就黑点。曾经有一位巴西同事，学了20多年的汉语，当时他在圣保罗大学博士毕业论文的内容就是如何翻译中国诗经，可见他的中文功底如此了得。我问他祖上血统，他用了中文的一个词——乱七八糟。正因如此，巴西成了一个包容开放的国家，各种族之间和谐相处，没有任何歧视。记得巴西有个广告牌这样写道：不管你是白种人、黑种人和黄种人，都是巴西人。

很多到过巴西的中国人都有这样的感觉：巴西遍地是雷锋。之所以这样说，是因为巴西人都非常阳光热忱，感觉单纯，待人不设防，很多人甚至让你觉得有种羞涩。遇有问路的人，他们会热心告知，甚至会亲自带你去，不会发生“指路收费”这类让巴西人认为不可思议的事情。在人行横道上一定是机动车避让行人，驾驶员会招手示意行人先过，如果他没有给你让路，司机一般会抱歉示意。不只在人行横道上，在车库、拐弯处等地都会遇到车让人的情况，初来乍到的我，当时还真有些受宠若惊。有时乘坐出租车，司机走错了路线，他会抱歉地重新计价或者少收钱。

有一次我在地下车库倒车，不慎剐蹭了停放在一旁的车，所幸只是轻微的划痕。我找来门卫通知车主，心里盘算着要掏多少银子，车主是一对中年夫妻，我随即道歉，他们看了车后连连摆手，意思：没关系，不用任何赔偿！我想他们从未听过“碰瓷”。由于圣保罗的治安不好，我一般不在室外健身，很多人在健身房锻炼之后都会将使用后的器械用酒精擦拭消毒。大街上很少能看到打架骂街的，争吵的都很少看到。

巴西人有西方人的问候礼节，女士之间、男女之间见面有贴面礼（圣保罗地区的习俗是贴一次右脸，里约是两面脸都贴），男士则握手拍肩，熟悉的也拥抱或击掌碰拳。巴西人说话一般都手舞足蹈，有特定的手势阐述表达的意思，如抬起手晃动手掌意为“差不多”。巴西人不喜被拘束，爱玩也是出了名的，喜欢享受生活，完全陶醉于阳光、海滩、美女、啤酒和足球之中。因此在这里随处可见运动的人们，足球自不必说，跑步、健身、滑板、冲浪、沙滩排球充斥着巴西人的生活。

一位中国外交官告诉我，曾经有位领导与巴西官员交谈，赞扬巴西人民的勤劳，当即被巴西官员打断，因为他不认为勤劳是美德，既然有享受生活的条件就没必要搞得很辛苦。但我感觉巴西人也是很勤劳的，在圣保罗由于市区租金高昂，很多住在卫星城的底层民众很多凌晨3点多就在上班的路上了，他们工作很卖力气，工作质量也很高。他们比中国人缺的是一种进取心，或者说一种野心。

巴西人很知足，很会享受生活。每当周末的时候，圣保罗出城的高速路必堵无疑，因为他们要去海边度周末。饭店和门卫有很多年龄大的工作人员，他们通常已经在此工作了很多年，他们跟客人有说有笑，他们满足于此，很少有人想干一番“大事业”，不像中国饭店的服务员都想着有朝一日自己当老板。

巴西完全是西方人的生活习惯：面包、牛奶、奶酪、肉、蔬菜沙拉，喝凉水，很多人喜欢饭后喝一杯小咖啡。巴西的国歌非常冗长，在一些场合演奏时我一直纠结怎么还不结束。国歌的时长和节奏正如巴西人的生活，向往自由自在，故事绘声绘色，形式烦琐复杂，话匣子拖泥带水滔滔不绝，陶醉于天之骄子。我没有不敬的意思，但总感觉巴西真的与众不同，上一条街是欧洲，下一条却是非洲，一半是火焰，一半是海水，风花雪月与下里巴人

大海是巴西人休假的理想之地

同在，这边的孩子只能凑合着踢破足球，而那边的私立学校每月的学费就要2万人民币。

巴西的整体国民素质较高，即使在偏远的小镇，人多的时候，人们也会有序排队，非常自觉，几乎见不到加塞儿的情况。公共厕所一般都会配备卫生纸、洗手液和擦手纸，而在国内情况可能就不一样了，即使配备也会经常不翼而飞，可是巴西一些大公司的卫生间里，除这三样外，还会有一次性坐便器垫、消毒液、空气清新剂，女厕还会摆上花以及女士卫生用品和垃圾袋等。而里约奥运会赛场上巴西观众的嘘声，给人印象则是巴西国民素质不高，缺乏奥运精神。然而实际情况事出有因。巴西是足球国家，国民狂热足球，足球职业化也近百年，巴西人习惯了足球的逻辑和足球的行为。热情的巴西观众去赛场观战就像看足球比赛一样，全情投入支持一方，打击另一方！所以嘘对手是很正常的事。即使是对自己的总统，他们不满意照样是嘘声一片。奥运开幕式的时候代总统也因为害怕嘘声差点没出席。

巴西人的名字很长，一般包括自己的名、父母的姓，名字大多是圣经或历史人物，官方或私下一般都直呼其名，很多人还有绰号。巴西女孩到了15岁，家里会为她举行成人礼。有些人偷偷领了结婚证父母都不知道。巴西大部分人信奉天主教，除强奸导致的怀孕或威胁到母亲生命外，终止妊娠属于违法行为。女人生孩子很简单，也没有坐月子的习惯。我的一位巴西同事生孩子，我第二天一早去看望她，我还想象着她当时一定是半躺在床上，捂着厚被子，头上围着头巾，怀里抱着孩子。可当我敲开医院病房的门，真实场景是：她一只胳膊抱着孩子在房间踱步，一边收拾东西，脸上看不到一丝病态和倦意，而那时是她刚生过孩子还不到10小时。

我后来机缘巧合看了巴西著名作家塞尔吉奥·布瓦尔克·德·奥兰达的一部经典著作——《巴西之根》，这本书被认为是所有想了解巴西的人必读的作品。著作者也被认为是巴西文化中“必不可少的人”。该书对葡萄牙殖民巴

■ 美女同事

■ 圣诞晚会

■ 接受采访的街头艺人。他用烟头制作了一个小型纪念碑，宣传禁烟

■ 玩滑板的年轻人

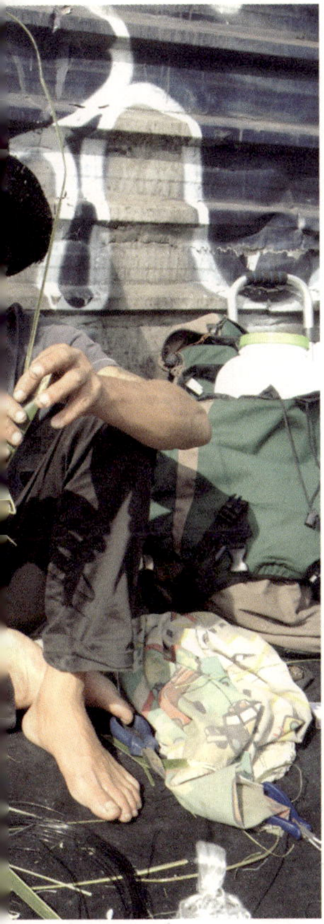

■ 他的中文名字叫“一家乐”，他是个会说一点儿中文的手工艺人

西进行了客观分析，可以在这本书中找到一些关于巴西人的答案。

书中对西班牙和葡萄牙在美洲的存在加以比较：西班牙人是按照事先制订的计划建造城市，城市呈几何形状，广场较大，街道从广场平行延伸。而与此相反，葡萄牙城市不讲究条理，街道曲折上下，不关心几何形状，或许也不关心规矩。葡萄牙人即兴性太强，难以照计划行事。城市显得杂乱无章。我实地到过西班牙和葡萄牙殖民城市，这一点很明显。

书中说伊比利亚半岛（葡萄牙地处此半岛）没有等级原则，贵族阶层不像其他国家那样是封闭的，而是一直向有功劳或成就者开放，这导致伊比利亚人厌恶一般工作和有益的活动，由此也导致缺乏组织性，因为他们不肯为了群体利益和原则放弃个人的空想。他们不仅厌恶等级制度，而且相对缺少种族和肤色偏见。

作者写道，很多葡萄牙人的理想是不种树就能摘取果实，他们靠无限的空间、靠宏大的计划，靠遥远的地平线生活。他们崇尚冒险家特有的品质——蛮勇、事先欠考虑、无责任心、不稳定以及游手好闲。18世纪的一位旅行家说，一个葡萄牙人可以不太费力地租一条船前往巴西，但让他骑马从里斯本去波尔图可就难了。他们到巴西只是为了发横财，不想在这块土地上深深扎根，他们采用掠夺型耕作，促使他们前往美洲的冒险家性格不会导致产生农业文明。

书中谈到葡萄牙人的随意性中有奇特的“懒散”的一面，他们进行征服活动特别着眼于无须通过正常劳动便迅速发财，正常劳动从来不是葡萄牙人本身的美德。对他们来说，有尊严的怠惰似乎永远比为一日三餐进行艰辛斗争更加卓越和高尚，他们欣赏一种老爷式的生活，无须任何努力，不用为任何事操心。闲散比做生意更重要，生产活动本身不如沉思和爱情更有价值。书中引用一位学者的话：要是有某类人沉湎于懒惰而又不是葡萄牙人，那么我不知道他在哪里存在。

关于令人头疼的“不守信誉”问题，作者也做了考证：毫无疑问，在与外国人的贸易中的不守信誉和不守时表明了葡萄牙人对金钱的疯狂和缺乏远见的追求。以牺牲他人特别是外国人的利益为代价，对凝聚财富的赤裸裸的贪婪和渴望事实上在各个时期都存在。

■ 幸福的准妈妈

爱美之心

巴西人爱美，与所在的阶层无关。

在巴西各地，艺术之美随处体现：标新立异但不奇怪的建筑，古老的和现代的雕塑，新颖的招牌，艳丽的色彩，有美感的涂鸦装点大街小巷。有些涂鸦是个人行为，有些则是政府专门组织艺术家创作。圣保罗的蝙蝠巷是专供街头艺术家涂鸦的，目前已经成为景点。这些艺术之美让人感觉不到丝毫的铜臭味，地铁站内部看不到豪华装饰，裸露着水泥墙水泥柱，看不到大理石及瓷砖，点缀着艺术画也并不土气寒酸。而我们崇尚形象工程，表面的光鲜浪费了资源，忽视了功能实用性。

■ 街头潮人

说是不“勤劳”，但巴西人爱干净，像有洁癖一样，例如门口的地垫总是保持雪白。我经常看到饭店门口休息抽烟的厨师，他们的围裙也是崭新雪白的。我的一位葡语老师嫁给了一个巴西人，当她带着爱人回国省亲时，她提前告诉家里人一定要打扫好卫生，尽管这样，新女婿还嫌不够洁净并亲自打扫起来。

当然，巴西人对待美的观点同我们的或许有所不同。夏日走在圣保罗大街，印象最深的恐怕是行人身上的刺青。巴西的文身甚为普遍，满大街人们的身上都是花里胡哨、五花八门、个性十足的文身，着实袭人眼球。有白描有写意，有图有画，有字，还有条形码、心电图，自画像，我还见过有文了一个创可贴在身上的！既有很小的点缀也有全身披挂，连脸部也文上，恐怕《水浒传》中的“九纹龙”史进都要自愧不如了。当然还有很多文汉字的，以“龙”、“爱”等字居多。

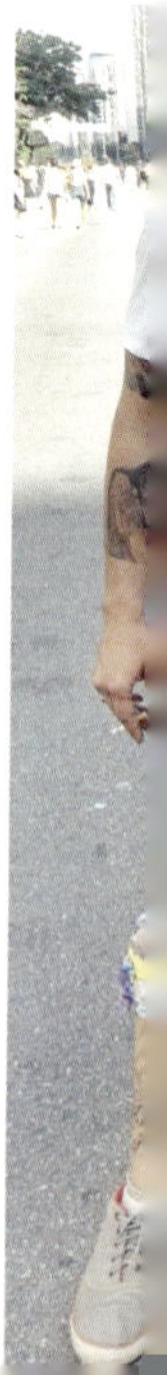

在追求另类美（姑且这么认为）的道路上，巴西人一往无前。异物癖也很常见，在耳朵上打各种各样的孔，扩耳器也是很多年轻人的拥趸，一开始很小的孔，不断更换，一段时间后成了硕大的洞，整个耳垂被撑大成一个皮圈。在肚脐上穿环带饰品则是身材好的年轻姑娘的专利，而且女孩一出生，医院就为其扎了耳洞，我虽然当时听到这种事后有些吃惊但也能接受，毕竟长大后，女孩们一般都要打个耳洞。

我经常见鼻子上带鼻环的时尚女孩，鼻环有两种形式，一是在鼻侧翼，另外是在鼻中间，就像牛鼻子上的环。还有在人中上、下颚唇上、脸中央，甚至在眉毛上，这些都不分男女。

巴西人的美丽也武装到了牙齿，在这里洗牙属于医疗保险的范围，去看牙齿是员工请假的一个重要理由。在这里看牙医

搞怪的消防栓

特色文身

街头”异人“

每当假日”牛鬼蛇神“都冒出来了

同性恋游行参与者

FAVELA
SÃO
REMO
PAZ

ON

■ 鲜艳的色彩就如巴西大鹦鹉一样

的费用比起美国等发达国家都算是低廉的，而且牙医的水平普遍较高，这也使得巴西人的牙齿保护得非常好，一些老美甚至坐飞机到巴西看牙。

可是巴西理发师的技术就不敢恭维了，而且费用较高。我在巴西第一次理发就花了42雷亚尔（当时1雷亚尔相当于是3元人民币），当然，工作非常认真，服务态度没得说。走在大街上，你会看到男士们的头发锃亮，还有很多染得五颜六色，挑战你的承受极限。南美男性的胡须都长得很茂盛，他们会把胡须刮得有棱有角，当然蓄须的也为数不少，我的一个德国后裔同事，年轻英俊，后来蓄了须，没两天就成大叔了。不过审美观念不同，就有人欣赏这种很man的感觉。巴西男人是“臭美”的，我的一位女同事告诉我，她爱人的香水品种比她的还多！

圣保罗街头各种服装争奇斗艳，奇装异服应接不暇，特别是保利斯塔大街和名店街（Oscar Freire大街是汇集世界及巴西大牌的街道，经常可以看到演员、模特、豪车出没）堪称南美的纽约第五大道！巴西的服装制造业不算发达，进口商的利润率很高，有几位著名华商靠此发家。而巴西的制鞋业却很发达，特别是女式鞋，款式多加上便宜，在国内销售动辄翻几倍，这些鞋子成了很好的送礼佳品。我经常在大街上看到有些人是一身纯白的装饰，白衣白裤白鞋，有人告诉我那是医生，但我在医院看到的医生大多不是这样的。

巴西公职人员的制服很讲究，警察的着装也显得很威武，特别是防暴警察，穿的简直就是盔甲！各种产业的服务人员都有各自的制服，保安、保洁、市政、单位的消防员（按照要求独立楼体必须配有消防员）等，不光是服装，就连鞋子也是专门的，显得很专业！在使领馆活动中，经常可以看到盛装出席的人们，特别是军人的服装格外耀眼。

巴西人的爱美不光体现在服装和饰品上，他们也很注意健美塑身。很多公寓配有健身房、游泳池，健身设备齐全，条件好的还有免费的健身教练。我住的那所公寓的健身房，无论早晚，锻炼的人总是络绎不绝，有时就连用跑步机都得排队，为了保证有位置，我专门改了作息时间。巴西健身的人大多是穿着精致的高端人群，当然，海滩边提供了设计精巧、功能多样的免费健身设备。有时在大街上偶尔也能看到跳广场舞的，舞蹈学校也经常在大街上边跳舞边发传单。

在巴西街头很难看到打遮阳伞的，中国人信奉“一白遮百丑”，可巴西人喜欢日光浴，晒成小麦色才好，所以海滩日光浴盛行。平时，街头穿吊带衫的女孩肩膀上必定会有晒痕，有些年轻人为了达到肤色黝黑的效果甚至还会使用助晒的防晒霜。

■ 圣保罗卫星城工艺品街

■ 演出前的准备

巴西人舍得对身体下本钱，也不介意后天改造，整容的不在少数，丰胸的更自不待说，还有丰臀的。巴西的整容行业也很繁荣，巴西社会氛围接受整容，甚至给人的感觉是去整容是值得炫耀的事情。我们部门一位非常年轻的意大利血统小姑娘因为整容，会光明正大地向我请假，我没感觉她哪里长得不好，但还要去整容，只能说任性吧。据报道，有位明星丰臀后出现感染，差点出人命。还有一个小伙子喜欢狗，竟然花巨资把自己的脸整成了狗头的样子。

即使一个送外卖的小伙，头发都梳得一丝不苟，口气清新，整洁得体。也许是因为基因比较复杂性，巴西的美女非常出名，在大街上经常可以看到令人窒息的美女，用丰乳肥臀来形容巴西美女是恰如其分的。不过东方人眼中的美女不等同于巴西男人眼中的美女，巴西评价美女的标准主要看身材，以丰乳肥臀为美。巴西男人眼中的美女是需要拥有东方人认为超出比例的肥臀，应该用“硕臀”来形容，以至于有些商店里卖的牛仔裤臀部位置加了衬垫。在拉美纪念馆有一尊女子的雕像，没有脸没有脚，只有丰乳肥臀，据说这就是标准的巴西美女的样板，我求证过巴西人，是认可这一说法的。还有一种说法是由于巴西是个种族大熔炉，所以找不到一张最具代表性的脸。

因为爱美，各类选美比赛当然就如雨后春笋了。在巴西更受公众期待的是美臀比赛，还有专门一系列评分标准，参赛者身着特殊的内裤，搔首弄姿展示翘臀。选美比赛范围之广也是令人诧异，居然连监狱中的女犯甚至妓女都有选美比赛，而且毫不遮掩。

第四章

特色巴西

初到巴西时，我经常会遇到各行业的罢工行动，开始感觉惊奇和刺激，特别是听到银行业罢工，甚至警察和法院罢工，心里嘀咕这是怎样的国家啊！但是数年之后，我觉得巴西的罢工现象就像家常便饭，久而久之，就见怪不怪了。

习以为常的罢工

——巴西东北部伯南布哥州军警与消防队员连日罢工，首府累西腓街头发生暴乱和抢劫，至少8人被杀。商人害怕被抢，纷纷关起大门，游客也被迫待在旅馆。

——世界杯足球赛前的巴西再度发生公交司机大罢工事件，司机破坏了数十辆公交车，让里约热内卢的交通陷入混乱。

——圣保罗州立大学教师于周一恢复工作，他们结束了为期92天的罢工，这是州立大学教师罢工时间最长的一次。上周五晚间进行的教师大会投票结束罢工，但未能获得调薪。

——最近一段时间，豆类油脂的投资者在密切关注巴西卡车司机的罢工情况。受巴西卡车司机的罢工事件影响，我国春节复盘后的3个交易日内，豆类、油脂上涨大多超过4%，这就是突发事件对市场的影响。

——周五凌晨，巴西银行工会和巴西银行联合会终于达成一致。至周四，全国银行罢工已经持续了22天。巴西银行工会表示，决议还将交给各地区银行工会，如果得到通过就可以结束罢工。据圣保罗、里约和南大河州银行工会称，他们在周五下午开会讨论，其他地区将在周一前做出决定。据全国银行工会称，他们达成的协议中包括8%的调薪（其中1.82%是实际调涨），最低调升8.5%。以及以每天加班1小时至12月15号补偿罢工期间的旷工。

——近日，沃尔沃位于巴西东南部库里奇巴市工厂的4000多工人举行罢工。11日沃尔沃卡车制造部的发言人说，当沃尔沃公司准备与600名工人商谈因汽车市场不景气需要降低工资时，工人

■ 巴西 Bradesco 银行员工罢工

■ 法院职员罢工

便开始举行罢工。今年以来巴西汽车销售大幅下滑，其中卡车下滑尤其严重。

——按下葫芦起了瓢。当地时间27日，巴西一些学校教师在圣保罗保利斯塔大道举行示威游行活动。此次罢工活动席卷巴西多个地区，医疗与教育领域均受影响。不仅如此，巴西里贝朗普雷图地区的公务员也于日前举行了大规模罢工，包括教师与卫生站工作人员。受罢工行动影响，卫生站目前只能为患者做一些简单的应急处理，学校也无法开展正常教学工作，政府正在与罢工者进行协商，希望尽早结束罢工浪潮。

以上这些是有关巴西罢工的报道，而这只是连篇累牍的相关报道中的寥寥几条。初到巴西时，我经常会遇到各行业的罢工行动，起初感觉惊奇和刺激，特别是听到银行业罢工，甚至警察和法院都罢工，心里嘀咕这是怎样的国家啊！但是数年之后，巴西的罢工现象对我来说就像家常便饭，久而久之就见怪不怪了。

巴西《劳动法》推行行业集体谈判和区域集体谈判，各行各业均有行业协会和行业工会，巴西劳工党自2002年卢拉上台开始，成为执政党已经10多年，而卢拉就是工会起家，上台后使得工会的发展风生水起，日益壮大。每年代表雇主的行业协会与代表雇员的行业工会都会举行谈判，罢工的主要诉求涵盖了加薪和健康保险、伙食补贴、交通补贴等福利以及增加加班费、减少工作时间、取消裁员、改善工作条件等方面。谈判一旦破裂，罢工随即开始。

巴西“罢工潮”风起云涌，主要是因为巴西的行业工会实力强大。以银行业为例，每名银行员工都要向工会缴纳会费，标准是一天的工资，但你也可以向工会申诉要回这笔钱。

罢工表现形式主要为游行示威，一般在主要街道举行，大家举着各类标语口号，GREVE（罢工）几个字母分外醒目，有些还穿着统一服装或佩戴统一标示，有组织地行进唱歌、喊口号、播放音乐，有些开着宣传卡车，示威领导人在车上用高音喇叭发表煽动性的演讲，通常有警察维持秩序；也有在固定地点举行的，如法院的员工罢工时，他们在门口树立起很多旗帜，很多群众在门前静坐，有演讲或播放音乐，散发传单。银行员工的罢工通常只是几家大型银行组织，小银行不罢工，这些大银行罢工期间基本不办理业务，只有很少的网点对外营业，很多赶在罢工期间需要银行服务的只能叫苦不迭。尽管罢工已成“家常便饭”，对巴西人而言也习以为常，但巴西工人罢工期间比较文明，有的地方甚至很欢乐，像在举办聚会一样，参与的人脸上洋溢着幸福的笑容，很少发生暴力冲突。罢工基本上局限在行业内部或局部地区，不会严重影响社会稳定，也不会演变成推翻政府的政治运动。

罢工的时长主要取决于雇员的诉求多久能得到满足，当然也有无功而返的。每逢国家大事，中国的老百姓识大体顾大局，更有凝聚力，而巴西的老百姓可没这么“懂事”，总在这种时刻添乱，在政府脆弱的时候逼其就范。如2014年世界杯期间，巴西全国各行各业轮番罢工，争取自身诉求。罢工给人们的日常生活带来了诸多不便和麻烦，许多人由于对银行系统的罢工没有思想准备，无法到银行存款取款；而邮政系统的罢工使得人们近期无法收发信件、快件、包裹、水电煤气和电话账单；一些公立大学的罢工使得学生毕业时间延长，本来四年的学制不得不推到五年才能毕业。罢工带来的机场停运、交通中断、治安变差、港口封闭以及从来没有按时完成的工程建设，这些构成了巴西的隐形成本，都使得巴西的产品缺乏竞争力，国际形象欠佳。

中国与巴西相比，在过去的十几年间中国的发展远超巴西，而且这种差距还在延续。中国和巴西都是混合型市场经济国家，政府广泛介入经济发

■ 参与罢工的银行网点

■ 银行网点门上贴满了罢工的标语

展，但是中国的公共支出有一个显著的特点，就是向基础设施建设倾斜，而巴西更注重公务员工资和转移支付。巴西模式短期内有助于提高收入水平，但中国模式为新的机会和未来经济发展奠定了基础。巴西作为资源大国，一直以来其国际收支主要依赖铁矿石等大宗商品出口换取外汇储备。而随着大宗商品市场低迷，国家收入锐减。同时，巴西外汇紧张、进口产品减少、价格上涨，造成巴西国内通胀率上扬，民众对此抱怨颇多。然而事实上，参与罢工示威游行的行业不限于低收入者，教师与公务员等高收入人群往往是主力军，国家经济不景气也使得蛋糕的分配更倾斜于低收入群体，使得各行各业都不满意。2016年10月，巴西最高法院通过了关于公务员罢工扣除工资的法案。随着这一法案的出台，相信巴西的公务员在罢工前将会三思而行，从而减少税务局、社保局，尤其是海关等机构罢工对企业和人民生活的影响。

有专家指出，一个企业内部应该推行企业职工和雇主的集体谈判，但是绝不能搞行业集体谈判和区域集体谈判。拉美行业集体谈判带来的问题相当大。巴西各行各业都推行，导致工资过快上涨，然后是通货膨胀，结果造成普通贷款利率、债券利率高达20%以上，对经济增长带来严重影响。道理非常浅显，在正常情况下，工资的增长一定要低于劳动生产率的增长，反之则不可持续。政府收入逐步提高才能有实力提供再分配。否则容易出现民粹主义，社会浮躁，法治缺失，腐败盛行，最后滑入中等收入陷阱。

我在写这篇文章的时候，保利斯塔大街上罢工的喇叭还在鸣响，此起彼伏。巴西民众一面在批评政府抱怨经济，一面又积极参与影响经济的罢工活动，都认为自己的付出高于回报，在这种状态下就算是守着金山银山又有何用呢？

盗亦有道

随着跨栏名将史冬鹏在里约奥运前夕被盗在新闻广泛传播，巴西治安恶劣在国内媒体甚嚣尘上。巴西治安差由来已久，当年我也因此吓得差点没敢来巴西。当地华侨告诉我，如果没有被抢过就不是老侨了。就连我儿子早上等公交车上学的间隙都被抢手机。所以比较靠谱的防身要诀是：不要在错误的时间待在错误的地点。

我曾跟当地的同事一起去警察局了解一宗盗窃案，我看到堆积如山的卷宗，同事悄悄告诉我，巴西破案率极低，即使有监控视频和指纹，想破案都不太可能。破案率低，估计也是犯罪案件高发的重要原因。

在巴西的几年中，我听过太多的抢劫案子，当地华人报纸《南美侨报》对于治安方面的报道也是连篇累牍，身边人的案子更是不胜枚举，择录几则（由于不确定是否公开报道，故隐去名字）：某中资公司的班车在上班途中被持AK-47突击步枪的劫匪洗劫，车上人均一台笔记本电脑都被抢走；某公司国内代表团在巴西成功签下大单，在公司内部餐厅举行庆功宴的时候歹徒持枪闯入，所有人员悉数被抢；某国驻巴西副总领事的私人座驾居然也被劫走；某老总刚从国内回来，已经到了驻地还被抢走了行李；还有一位老总刚到巴西没几天身上的所有财物就被抢走了。劫匪既有毒瘾发作为买毒品随机就抢的，也有在机场伺机守候戴名表穿着奢华的旅客，紧随其后，在离开机场的僻静处下手的。

当然被抢得最多的还是当地的华人，主要原因是华人有钱且有带现金的习惯，一抢一个准，更令劫匪欣慰的是华人被抢后报案的概率小之又小。在25街华人商店为“避税”基本只用现金交易，大把的钞票引来了嗅觉灵敏的劫匪。华人的家也是劫匪乐意光顾的地方，因为巴西的商业银行反洗钱管控严格，华人习惯“避税”，挣的钱无法存入银行，只能想办法带回国或者藏在家里。常常听说华人家里被抢或被盗，多的金额超过100万雷亚尔！惨的是如果报案还不敢说有如此多的钱被盗，因为要说明钱的合法来源，如果实话实说可能还要因偷税漏税被处罚。曾经有数名抢匪闯入一个在当地比较有影响力的侨领家中，侨领和他儿子碰巧在家，面对歹徒破门而入，爷俩躲入卧室，在歹徒即将进入卧室的千钧一发之际，老侨领开枪自卫，打伤了两名歹徒，歹徒落荒而逃。在事后的法庭调查中，侨领虽有持枪证，但登记的枪支与当时使用的枪支不符，不过经过侨界以及使领馆的斡旋，终于平安无事。

抢劫案件随时都会发生，常见的几种形式如随机抢劫：无踩点预案，碰到就抢，抢你没商量；入室抢劫：通常劫匪与小区门卫串通，挑富有人家作案；也有整个住宅楼逐户被抢，华侨称之为“洗楼”；连环撞车：劫匪先劫持一辆路上行驶的汽车，抢劫后令驾驶员继续行驶，看到新目标后，从后面撞击，待前车司机下车查看时上前抢劫，并换到这辆车进行下一轮抢劫；甚至劫匪炸毁银行自动提款机抢钱这种方式都已经见怪不怪了，去银行提现数额较大的，一般要预约，而往往提款后被抢的概率很高。当然绑架也是很重要的形式。2017年初，一位侨领被绑架，劫匪索要1000万雷亚尔，

巴西的警察装备精良

全副武装的防暴警察

警察在维持秩序

警察在寻找目标

所幸被警察及时救出。在这些抢劫案件中，也不免有警匪一家的现象，保安、门卫以及银行职员经常参与或做内线。

在这些司空见惯的抢劫中，也有一些匪夷所思的“趣闻”：我的一位巴西同事自打记事儿起一共被抢过3次，其中有一次被抢，劫匪用枪指着他说：“给我5雷亚尔！”我同事真的不慌不忙地从背包里掏出钱包并打开，拿出5雷亚尔给劫匪，劫匪肯定看到钱包里的钱不止5雷亚尔，但劫匪只要5雷亚尔！

巴西退伍军人联谊会的老会长有一次被抢，当时钱包里的现金不多，但有很多重要的证件和票据，面对歹徒的手枪，这位老哥晓之以理动之以情，经过一番交涉，劫匪拿走了现金退回了证件和票据。结束时，劫匪竟然跟他说了声：“Obrigado！”葡语是“谢谢”的意思。我有一哥们开防弹车载着国内一个代表团去餐厅吃饭，行驶在圣保罗一条繁华的街道上时，有人憋不住放了个屁，正赶上红灯，因为气味难忍开窗换气的同时，一支黑洞洞的枪口伸了进来，车上的人乖乖地交出了钱——一个屁老值钱了。

某天，某中资公司的俩伙计去经常光顾的商店采购，不知为何正常的营业时间内门没开，他俩无聊地“咣咣”敲门，门开了一条缝，伸出一支黑洞洞的手枪命令他俩进去，歹徒已提前“光

■ 警察阻止游行队伍

顾”了这家商店，刚要走就碰上这两个非要被抢的。里约一家电视台在市中心随机采访路人谈谈里约治安问题，在拍摄过程中，受访者的项链眼睁睁地在摄像机前被人一把抢走。更有甚者，当地一家大型银行的保管箱仓库被盗，劫匪竟然还在作案时淡定地叫了外卖！巴西劫匪的猖狂可见一斑。在一次朋友聚餐时，我们又聊起巴西的治安问题，有人提议曾经被抢过的一起喝一杯，一桌10多个人竟然除了我之外齐刷刷自豪地举起了酒杯！面对“鄙夷”的眼光，我只能弱弱地问：“我儿子被抢过，算吗？”在巴西没被抢过还真有点“自卑”。

巴西的法律是没有死刑的，而且少年犯罪在满18岁时也可以重新做人，之前的犯罪行为不予追究。逢年过节还会释放一些犯人回家团圆，但很多犯人不再返回监狱，再次为害社会。在电视上多次看到银行押运公司被抢的事件。据事后监控显示，全副武装的劫匪晚上开车冲进押运公司驻地，一伙持重武器阻击保安人员和赶到的警察，另一伙带着钢板、炸药去炸金库，他们在一面墙上反复爆破，直到炸开这面墙，进入墙内搬走现金。选取的金库爆破点非常准确，显然早有预谋。被媒体广泛报道的是2016年3月9日，华为里约公司30多人在公司食堂午餐时被一伙持枪歹徒抢劫，损失惨重。其中一名被抢员工在微信中记录了被抢过程，大意是：“中午在食堂吃饭，我正品尝着喜爱的麻婆豆腐，看到进来几个戴头套的人，我心想这些蠢人，这么热的天还戴头套！当他们掏出枪让我们趴在地上时，我才意识到是抢劫。身上值钱的东西被抢一空，打破了某公司集体被抢人数纪录。哥是心灵受过伤害的人，以后大家对我好点。”

巴西有技术含量的盗窃很少，一般都很直接，掏枪就抢。好在这些抢匪图财不害命，只要老实交钱不会有性命之虞。巴西电视台曾报道了两起“有职业道德的抢劫事件”，一黑人哥们在人行道上拦路抢劫，被抢的妈妈吓得婴儿车脱手，眼看要溜到马路上，该劫匪先护住婴儿车，放稳之后再实

■ 重大赛事活动中负责维持秩序的骑警

施抢劫；另外一起是劫匪在炸提款机时，就在马上要爆炸之前几秒钟，勇敢地将一路人扑倒在地，避免了更悲惨的事件发生。这也正如我们中国人所说的：盗亦有道。

管窥金融

跟一个朋友说起巴西银行的经营，我大谈战略方向，他则频频摇头，我说："你的意思是银行闭着眼也挣钱吗？"他斩钉截铁地答道："当然。"我部分赞成他的观点，的确，在巴西，银行只要自己不折腾，挣钱还是容易的。巴西信贷市场的利率水平每年30%左右，个人信贷利率更是高得离谱，2016年企业的平均年化贷款利率也超过20%，在中国国内就是高利贷的水平。巴西央行2016年的基准利率就达到14.25%。据巴西央行公布的数据，信用卡年化循环利息率曾超过400%！

■ 巴西 Bradesco 银行

高利率国家通常都伴随着高通胀，巴西2015年通胀率达到10.67%，超过政府控制目标的2倍，创13年来新高。2015年GDP下滑3.8%，是巴西25年来经济成长跌幅最大的一年。2016年2月，穆迪更是将巴西的主权债务评级连降两级，打入垃圾级，评级展望为负面，意味着未来有可能进一步下调。信评连降两级是罕见的决定，这反映出巴西财政恶化的程度。“高通胀、负增长”主导着巴西的经济，主要在国内经济疲软、通胀高企、大宗商品暴跌、美联储加息以及执政者应对乏力等因素的围困下，即便采取了财政货币双收紧的措施，也无法遏制住雷亚尔的跌势。而政治僵局又令财政雪上加霜。

巴西货币雷亚尔已经沦为全球最差货币，自从我踏上巴西的土地，雷亚尔就一直向下，偶尔回头之后更是义无反顾地下跌，由当时的1美元兑换2.05雷亚尔，最低时跌至4.2491纪录低点。巴西前任经济部部长说过“通胀让我们受损严重，但汇率危机会要了我们的命”。我2015年回国休假一个月，替朋友捎了一颗近2万雷亚尔的宝石，我说给我人民币吧，但这个朋友出于好心不怕麻烦在国内千方百计搞到了雷亚尔现钞给我，而就这一个月，雷亚尔跌了20%！我暗自叫苦啊。

巴西人很少储蓄，这与他们的今朝有酒今朝醉的民族性有关，历史上时不时发生的高通胀也是重要原因。巴西历史上发生过多次币制改革，货币名称及面额变动频繁。之前有米雷斯、克鲁塞罗、新克鲁塞罗、克鲁扎多、新克鲁扎多，等等。目前的货币是“雷亚尔”(音译为“黑奥”，或者直接说巴币)。当地老侨告诉我，过去货币改革经常去掉几个零，有段时间拿到钱第一件事情就是去换美金。巴西反洗钱的规定相当严格，不光规定严，措施也严格。央行与每家商业银行的系统实时联网，偷税漏税的资金一般进不了银行系统。

巴西金融业较为先进，金融体制比较健全。巴西的银行业按资本所有权划分，分为中央银行在内的由联邦政府控制的银行、由州政府控制的银行、本国的私人银行、外国银行以及合资银行五大类；按业务性质划分，巴西现有综合性银行、商业银行、发展银行、投资银行、消费融资公司、租赁公司、证券和外汇经纪人公司、证券和外汇交易人公司、房地产信贷公司、储蓄和贷款协会、储蓄银行、信贷联合会、保险公司和团体投资代理等金融机构16类。整个国家金融体系的最高决策机构是国家货币委员会。

巴西中央银行、动产证券委员会、私人保险监管局和补充养老金监管局是各自行业的最高管理机构，负责执行国家货币委员会制定的有关决策和管理本系统机构。值得一提的是，作为巴西最大的政策性银行——巴西社会经济发展银行BNDES，可以享受财政补贴，对重点扶持的符合国家产业政策的项目提供中长期贷款，不以投资回报率作为首要目标，利率非常优惠。银行业从业人员在巴西属于高层次人群，银行经营效益好，还可以得到利润分成（PLR），其收入以及公务员、大学教授的收入在巴西居前列。

巴西鼓励外资进入，并对外资企业实行国民待遇。1995年的宪法修正案取消了内外资之间的区别。规定在同等情况下，内外资在法律上一律平等，禁止所有形式的歧视待遇。巴西银行业自1988年起进行了一系列改革，允许外资进入其金融领域，引进混合经营模式，建立最低的银行资本标准制度，促进银行间的兼并与收

■ 押运公司解款车

■ 银行客户营销活动

购。目前中资银行进入巴西的有6家，分别是先建代表处后成立子行的中国银行（巴西）有限公司、工银巴西，在里约设有代表处的国家开发银行，以巨资收购或并购的形式进入巴西的建设银行、交通银行，承接了原被收购银行在巴西的众多网点，基本实现本土化经营，而海通证券通过购买葡萄牙圣灵银行，间接进入巴西市场。2016年农行也成立了巴西代表处筹备组。随着中资银行齐聚巴西，在国内的金融竞争格局也要在巴西落地了。但我认为面对庞大的市场，抱团取暖比单打独斗强。所以各家金融机构的朋友建了一个微信群，我起名为：船大不占海。

中资银行进入巴西并非一帆风顺，毕竟巴西的经济像过山车一样跌宕起伏，感觉不可预见性太多，攻城拔寨的路径随处可见，不同路上会遇到不同的困难甚至不同的地雷，你根本不知道雷会埋在哪。如果不仔细搜索，搞不好前进一步就要后退三步，甚至会死无葬身之地。就连老牌劲旅汇丰也马失前蹄，2015年不得不以52亿美元出售了其在巴西的业务。其退出巴西的主要原因是其在当地经营困难，资产增长缓慢，市场地位未达预期，股本回报率也出现下降。工银巴西的路径同中行一样，有中行这个先行者借鉴，加上筹建人员务实进取，因此进展相对顺利。

就经营银行业务而言，根据切身体会，巴西忌讳的就是高歌猛进、大干快上、急功近利。资本金进入后看不准的先不着急，做好掉期保值后买成国债，高利率完全可以衣食无忧、当年即可实现盈利。如果急于求成，面对高利差的诱惑，急切地进入企业授信，稍有不慎，更确切地，说不出事是运气，出事是大概率事件，资本金可能会很快销蚀。根据圣保罗征信机构Serasa Experian公布的统计数据显示，巴西法庭2015年共受理5525件企业破产案件，创下2008年来的新高。因此形成的不良资产有多少可想而知。做银行要稳健经营，不能投机取巧，不该挣的钱不要惦记，资本金一定要保值，否则追悔莫及！

前面说过做中小企业和个人信贷的利差相当惊人，初来乍到以为发现了金矿，让人激动得睡不着。可是如果规模不够大，利润不足以覆盖不良的话，肯定得不偿失。所以中资银行在内部控制、风险把控等方面达不到专业要求的话，对中小企业和个人授信少碰为妙。当然我也跟瑞银的客户经理聊过，按我的理解他们差异化经营做得非常高明，不做市场上一流企业，只做二流企业中的佼佼者，利润相当可观，这就是说，没有金刚钻别揽瓷器活。

巴西对外汇实行较严格的管制，外国企业或个人(除有外交特权的单位、个人或经批准的企业外)在巴西银行不能开立外汇账户，外汇进入巴西首先要折算成当地货币后方能提取。雷亚尔是市场上唯一通用的货币。大型企业通常在国际市场上获取资金，可以通过做离岸贷款，银行将贷款簿记在开曼这种离岸金融中心。虽说在巴西本地贷款利率较高，但碰到货币贬值下降通道时，如果做进出口业务，挣的是美元还的是雷亚尔，货币贬值带来的收益也是相当可观的，甚至超过主业的收益。

巴西银行体系算是相当发达的，经济也是以消费带动为主。在巴西只要你愿意，买双袜子也可以分期付款，商场商品的标签上一般都表明总价和分几期以及每期价格。个人支票也是被大量使用的，空头支票也是常有的事，不过只要有几次空头就会被记入黑名单。经常看到有人根据分期情况签发数张支票，日期可以根据约定填写。网银和ATM都很方便，例如在ATM提款时，有趣的是屏幕上密码的数字位置排列是随机的，不像国内密码数字固定排列容易被别人记住。机器还会自动配零钱，非常便利。因为巴西的治安不好，晚上提取现金有金额限制，即使被歹徒劫持最多也只能提1000多雷亚尔，超过限额后即使换台取款器也取不出钱来。

更让人惊诧的是在ATM上存款，你要先输上要存的金额，机器会自动出一个信封，把钱放到信封里封好，再放入ATM，马上查询余额，你会看到刚放进去的钱已经入账了，我惊奇万分。机器如何通过信封点钱呢？我问

■ 中国银行（巴西）有限公司在这栋大楼的第 14 层办公

旁边的当地同事，才知道刚存的钱还要经8小时内人工确认，确认无误后才能算正式入账。

巴西也经常发行纪念币，但与国内排队疯抢不同，巴西人不太热衷购买，也没人炒作，甚至有很多纪念币进入流动市场，找零时经常收到纪念币，对我来说惊喜不亚于中奖。

巴西实行利率市场化。巴西现行利率体系中的四项主要利率，分别是基准利率SELIC利率，由巴西货币政策委员会研究调整；银行间拆借利率CDI利率，该利率在基准利率的基础上，根据市场的供求关系上下浮动；银行存款证利率CDB利率，是由商业银行和投资银行发行的记名证券的利率，在基准利率的基础上根据供求关系浮动；对客户的存贷款利率，由各行根据市场的供求情况和客户风险等级自行决定，中央银行不规定上下浮动限度。国内的银行奉行“存款立行”。之所以银行在网点多过厕所的情况下还被认为是垄断行业，究其原因主要是利率没有市场化，有了存款就有了利润。而巴西实行利率市场化，只要付得起高利率，存款可以说要多少有多少，所以赔钱的存款被拒之门外。国内正在朝利率市场化方向运行，存款立行将成历史了。

不一样的教育

巴西贫富差距大，家长对孩子的教育重视程度也有天壤之别。前总统卢拉只有小学文化程度，也一定程度上助长了巴西人不爱学习之风，特别是很多贫民窟的穷人认为：小学文化都可以当总统，我们为什么让孩子上学？所以政府资助贫苦孩子上学的钱很多都被家长挪用了。

巴西高等院校分为联邦、州立、市立和私立四类，前三类是公立学校。这些高等院校自主制订招生计划和

巴西是学生的天堂

录取标准，具体考试时间和科目由各大学自行决定。类似中国高考的是巴西“国家中学教育水平测试”（Enem），只要有中学学历都可报考，每年上、下半年各举行一次。国家中学教育水平测试考试第一天，考试时间为四个半小时，内容为人文和自然科学知识，第二天考试时间是五个半小时，内容为外语、数学和葡萄牙语写作。由于考试时间超长，学生考试时居然可以带零食甚至有的学生带着吃饭的刀叉。为防止作弊，也采取了很多措施：试卷都装订成册，每一科目不同颜色，每位考生收到的试卷科目顺序都不同；答题卡上设计了自带铅印按手印的地方；每个试卷上有各不相同的一句话要照抄在答题卡上。考试成绩现在逐渐成为联邦公立大学的录取标准，亦被私立学校引为参考。

巴西人不像中国人那样对上大学赋予重大的意义，他们不喜欢千军万马挤独木桥，很多巴西孩子中学毕业后不急于考大学，而是先去工作几年，明确了自己的职业方向或喜欢的专业后再报考。2015年国家中学教育水平测试的考生中，社会人士首次超过了应届生。曾经一位巴西同事，自小父母离异跟随母亲生活，初中以后基本处于辍学状态。母亲身体不好参加了台湾人举办的太极拳培训班，他也跟着凑热闹，天天泡在道观里，一来二去便学会了中文，常跟师父去各地传授功夫，打杂外加翻译。在他25岁时通过了巴西中学水平测试，中学算毕业了，之后他又考大学、研究生直至博士毕业！在中国可算是传奇经历了。

我一直觉得巴西人不喜欢动脑，学习全靠自觉，数学普遍不好。巴西的公立小学至高中教学质量普遍很差，但公立大学的教学质量很高，如圣保罗大学在全球最新排名达到29名，在南美洲大学中稳居第一。在巴西，公立学校是不收学费的，所以造成这样的情形：贫家学子从小上公立学校，但由于教学质量不高，很难考上不交学费的公立大学，而又交不起私立大学的学费，故很多贫家学子上不了大学，接受不到良好的教育注定难以出人头地。

而富家子弟从小上教学质量好的私立学校，最后考上不交学费的公立大学，继续龙生龙凤生凤的传奇。所幸的是政府已经认识到这种教育的不公平，为此在公立大学为少数族裔和贫困阶层设立了专门比例的招生名额。

我儿子先后在巴西的两所中学学习，第一所规模较大，班级设置从幼儿园一直到大学。学校有几名中国学生，下课之后自然而然地这几个学生就凑到一起。我担心影响他的葡语学习，托人物色其他学校，我的葡语老师Andra很热心地帮我们选了几所，最终选择了一个还不错的。该校教学方式独特，明确说明教学方向不以考大学为主，后来孩子的学习经历证实了这点。学校经常举办各类旅行、演出、讲座活动，动辄将学生拉到山里徒步野营，在野外学习地理天文知识。学校对家长会高度重视，在家长会上经常请专家做学生教育的讲座，每次家长会开始前家长们都要一起读诗祈祷，有时还一起唱歌，常常超出我的想象。课程内容还涉及艺术、多民族文化以及宗教信仰。学校每年要求学生写大部头的论文，特别是高中最后的毕业论文，要求很高，时间长达一年。亲身感觉孩子倾注的精力巨大，根据自己的爱好他将论文题目确定为：影像的情感。

虽然感觉巴西人不爱学习，但在各种场合中经常可看到读书的人，甚至看到路边的流浪汉在他的“床”边会放着一个纸牌，上面写着：谁能给我一本书？巴西人学习除了为今后的职业发展做准备，同时更重视自己内心的感受，要去学自己真正感兴趣的内容。孩子的好朋友家里有

■ 大学新生入学都要受到高年级的整蛊

■ 学生乐团经常在假日到街头献艺

圣保罗大书店

■ 高中生演出的歌舞剧

■ 演出前在化妆的高中生

■ 学校经常组织各种文艺演出

■ 高中生在排练剧目

农场，高中毕业暂时不准备考大学，目前的愿望是去农场开大型机械设备。

在一些大型公司、大学或政府机构可以接触到很多高素质的人员，感觉基因里就充斥着天资禀赋。曾经在一个场合不经意与一个巴西人打招呼，他用英语问我跟你用什么语言交谈方便？我说那你会什么语言？他回复英语、葡语、西班牙、德语、法语，我心里说真是个怪物。在我工作的地方也有很多高素质人员，他们有很强的专业性，职业精神也很好。很多人不仅学历高，而且专门参加过职业技能以及礼仪方面的培训。他们做的工作常常超过你的期望，但他们工作上有自己的节奏，不会因为是老板安排的工作就先做，除非你要求先做，也不会像个别国内的人那样只做“表面功夫”。

相对中国而言，巴西是学生的天堂，不仅学习较国内轻松，还有大量的课外活动。通常上半天课，有的学校可以选择上午上课或下午上课，更是从来没有晚自习。我朋友去参加家长会，当老师得知家长让学前孩子平时在家学习时，觉得不可思议，教育我朋友：应该让孩子多玩耍。我朋友说，只是让孩子练习一下写字母。老师更不高兴：这么大的孩子字母写反了也不是错误，是这个年龄孩子的特殊性。巴西学校非常注重保护学生的天性，反观中国背几百首诗的神童，按此老师理解简直是天理不容。

大学新生入学通常要被高年级整蛊，满身油彩，衣衫褴褛，还要被赶到大街上乞讨。上了大学就可以找工作，为不影响工作，大学里可以选择晚上上课。除了正常的寒暑假，巴西的假日也不会被要求补课，而且经常连休，比如周四是巴西假日，一般周五也跟着连休不用上课。巴西还有一种名叫“SACO CHEIO”的为期一周的假期，通常在每年的10月份，字面翻译为“袋子装满了”，他们告诉我，意思就是忍无可忍再也不能学了，必须要放假了。

新华社朋友家的孩子在巴西上了一年多小学，结束随任准备要回国上初中。临行时问他有何感想，孩子说：“在巴西是蘸糖吃甘蔗，回国要吃苦瓜了。”童言无忌，令人捧腹。

律师的天堂

好友张大律师深得中资企业的信赖，他在伦敦学成，到巴西后靠自己打拼，如今如鱼得水，我们两家脾气相投经常交往。已经投资巴西的国内朋友以及拟投资巴西的我都让找张大律师免费咨询，一来二往我对巴西的法律也略知端倪，可以用一句话概括：巴西的法律是世界上最“特别”的法律。不光法律的制定，执行方面也是变化无常耐人寻味。

“仅仅圣保罗州的律师数量就超过全中国律师的数量。”当时听到这个说法的时候我大吃一惊，虽然我没有考证，但在网络上搜过，中国的律师数量大约有20万，而我单位不到60人的公司就有两名专职律师，而且有专门的合作律师楼。圣保罗基本上各个机构都有专职律师或合作的律所，按照此比例，这种说法未必言过其实。

巴西的劳工法是出了名的严厉，而且是劳工友好型，各项政策倾向于劳工，劳工只要有确凿的证据或证人证言，一般均能打赢劳工官司，这种态势鼓励了劳工状告雇主。但是告雇主可以，必须记录在案。我们也学到了一些经验，在招聘新员工时必须要考察过去是否告过雇主，如果告过雇主基本不会招聘。律师自己一般都知晓这种情况，即使本人被开也不会状告雇主，这涉及职业操守和以后的工作前景。

巴西的低层劳工一般不加班，加班必须发加班费；

■ 民众到议会大厦争取权益

■ 所有麻烦都要律师出面解决

而在中国，领导不下班没人敢走，到点下班简直就是不求上进。巴西经理级以下职位加班必须要支付加班费，经理级以上人员加班不用付加班费，也不用考勤，按巴西的说法是“信任岗位”。在巴西，非经理级人员下班不走不能按照中国的理解认为其工作敬业，而很有可能是恶意加班，当然他可能当时不申请加班费，领导会认为是“好员工”，但这埋下了隐患，一旦员工离职去法院申诉，这些加班费以及罚金都会一分不少，甚至变本加厉。曾经有位中资领导看到有些当地员工有早来晚走的现象，在中层干部会上专门提出表扬：看到这种情况非常高兴，谁说巴西员工懒？这些员工非常敬业值得肯定。当地员工会后诧异：领导是鼓励加班吗？害得人力资源的负责人抓紧找领导收回成命。

我们的两名律师很忙，每项业务都要他们审核，跟外界的所有合同都要起草，不断有官司上门，即使是你装修期间的装修工人起诉装修公司也会附带上你，稍微复杂一些就要外聘律师了。劳工案基本要外部律师搞定，外派人员劳动合同要起草、办理手续也要外部律师协作，没有律师简直寸步难行。法律套

■ 民众游行示威

法律，法规套法规，不同律师不同解释，不同法官不同判定。曾有中资企业进口销售设备，发现整机进口税率较高，分开进口则税率大大降低，为保险起见专门发律师函咨询官员，答复没问题，可以分开进口。然而大量进口尝到甜头后收到一纸裁定：分开进口涉嫌逃税，罚款数亿。“我们之前已经汇报过。”公司立马交涉，答复：之前解释适用法律不准确，不予认定！

律师收费方式不同，有的按照案件收费、有的按照案值收费、也有的按时间收费。不管按照何种方式，都有一个共同点，就是“贵”！有一则关于律师乱收费的笑话：某著名律师70岁时去世了，找上帝报到。上帝看了一下他的“履历”说：“按你的收费时间记录已经超过300岁了，怎么才70岁！”

好律师助力，坏律师害人。如果来到巴西两眼昏黑，遇到什么样的律师只能靠运气了。不要认为自己注意就不会惹上官司，即使不惹上官司也会随时需要与律师打交道。巴西很多事情不靠谱，靠律师背书可能依然会不靠谱，并付出许多成本，然而这是必须要支付的成本。

在巴西找律师不是万能的，但不找律师是万万不能的。

旁观大选（1）

2014年10月26日夜，保利斯塔大街的高音喇叭响彻夜空，罗塞夫的支持者走上街头庆祝总统连任。一晚上喇叭声都没有减弱的迹象，我无法入睡，干脆拉着儿子去看热闹。大街上没有想象的那么多人，巨型卡车上不知什么人在声嘶力竭地演讲，一些群众载歌载舞。儿子让我给他拍张照，他背对举着各式旗帜的人群摆了“宣誓”的POSE，并把照片发到了Instagram（网站应用）上，后来他跟我说，很多同学取笑他，认为他是劳工党的拥趸。

巴西大选的内容广泛，此次大选将选出巴西正副总统、27名联邦参议员（参议员共81席，由各州及联邦特区各选3席所组成，任期8年，前4年改选三分之二，后4年改选三分之一）、513名众议员（众议院共513席，按每州人口比例选出，任期4年）、各州州长（含联邦特区）27名及各州议员1059名。总统选举是其中最为关键的部分，巴西实行总统制，总统是政治体制的核心，对其4年任期之内的国家发展进程具有决定性的影响。前三甲的政党和候选人分别为：劳工党（PT）的迪尔玛·罗塞夫、社会民主党（PSDB）的阿埃西奥·内韦斯和社会党（PSB）的玛丽娜·席尔瓦。

根据1988年宪法，巴西总统必须是在巴西出生的国民、居住在巴西、35岁以上、有党派属性并拥有一切选

举权和被选举权的人。巴西总统是巴西联邦共和国的国家元首兼政府首脑，任期为4年，可以连任一次。巴西的总统制是在1889年推翻了佩德罗二世的巴西帝国以后建立的，此后，巴西有过独裁时期和民主时期共六部宪法。在民主时期当中，投票是强制性的。由于巴西历史

支持迪尔玛游行

上有着军人政权的背景，同时巴西也是多党制国家，使得作为国家元首兼政府首脑的总统手中拥有很大的权力，是国家的权力中心，巴西总统也被称为“帝王总统”。

巴西总统的权力比美国总统的权力还大，因为巴西总统手中除了拥有强大的行政权外，还拥有更强大的立法权。总统行政权包括：总统有效地掌握着国家政府，拥有任命高官的最终权力。总统拥有决定和实施公共政

■ 迪尔玛接见国宾

策的权力也拥有决定预算的最终权力。总统立法权包括：总统可以向国会提出法律建议，或者使用“临时措施”，也就是在紧急情况下，不经过国会批准就马上颁布并施行法律的权力。总统还对议会制定的法律具有否决权，除非参众两院全体议员以50%的投票率推翻总统的否决，否则该法案不生效。总统拥有决定议会议事日程的权力。总统司法权包括：总统有权任命最高法院成员。此外，总统有军权和外交权：总统是巴西军队的总司令，统率三军。巴西总统可以使用黎明宫作为居所，高原宫作为办公场所，并配有医疗和安全方面的专门人员、秘书和助手，还有专机。

劳工党迪尔玛·罗塞夫是左派出身，强调对社会福利的保障，采取比较进取的财富再分配政策，推行“家庭补助金计划”、“我的家，我的生活”一系列脱贫的社会福利政策，中产阶级的人数大幅增加。政府非常强势地干预市场，涉及市场的方方面面，不管是油价还是能源价格。但由于政府过多地干预市场，使得外国投资者望而却步，为此她提出恢复市场秩序，计划换掉财政部部长，减少政府的干预。

社会民主党阿埃西奥·内韦斯提出要拯救陷入衰退困境中的巴西经济。在内韦斯76页的施政纲领中，将一改劳工党政府对市场的过度干预，鼓励私营领域发展，吸引外来投资；同时提出控制通胀、保持初级盈余和浮动汇率作为支柱的宏观经济政策，使巴西实现可持续经济发展。另一方面，他承诺将延续劳工党政府的民生政策，借此博得中下层选民的欢心。在外交方面，他表示将推动重启巴西与欧盟的自贸协议谈判，并“对重要性越来越大的亚洲给予特别关注”。此外，内韦斯竞选主张打击贪污，这一点颇受巴西民众欢迎。

席尔瓦则一直被视为巴西政坛圈外人，和巴西传统精英层关系疏离。她在担任环保部部长期间的表现被批评者认为缺乏灵活性，而支持者则称她为巴西最有原则的政客。她坚持经济发展不应牺牲环境等原则。为赢得大选，社会党玛丽娜·席尔瓦承诺将在其激进理想和亲商经济政策之间寻找共同点。结束腐败、改变现有政治环境亦是她的重点。

巴西选举方式有其先进之处，巴西民主理念深入人心，是国际上最早实现公民直选的大国，过亿选民在一天内完成投票选举。巴西选举全部实现信息化，采用电子投票，选民不需使用纸质选票。因时差原因而最后一个投票的阿克雷州截止之后大约两小时即公布投票结果，计票统计速度令人称赞，大选普遍采用的电子计票方式和生物识别技术功不可没。电子计票技术于2002年开始全面普及，2014年大选共设立了45万个电子计票器。该机器由两部分组成，一部分用来鉴别投票者身份，其中某些型号的计票器配备了生物识别技术。另一部分则用来供选民按键投票。

以配备生物识别技术的投票站为例，选民将通过指纹识别自动完成身份鉴定程序，电子屏幕显示出该选民是否在正确的选区投票，是否具有投票资格等信息。2014年的大选有2160万巴西选民采用生物识别技术投票，约占整个登记选民人数的15.18%，今后这一比例会进一步增加。身份识别完成后，选民将依次对州众议员、联邦众议员、联邦参议员、州长和总统五个类别的候选人进行投票，投票人只需按下支持候选人的数字代号或按空白票按键便可以完成投票，整个过程不超过 1 分钟。每次输入候选人代码后，电子屏幕上还将出现该候选人的代码、姓名、所属党派和头像照片，以便投票人确定信息。这一过程看似简单，但整个系统却异常复杂，全巴西共有2万多名候选人参与不同职务的竞选。其中，总统候选人11人；还有众多的州长、参议员和众议员候选人。要把这样规模的全国性选举安排得井然有序实属不易。

每一张选票信息都将以密码加密的方式存储在电子计票器当中，当投票时间截止后，通过系统传输到各个选区的地方选举法院，再统一汇总到最高选举法院。计票器所有的电脑软件和传输系统均由最高选举法院开发，以

■ 迪尔玛反对者

■ 迪尔玛支持者

确保仪器在全国范围内的覆盖率和真伪。

此外，电子计票器还具有多种保护装置防止选票信息的丢失和篡改。根据巴西联邦宪法和选举法的相关规定，每张选票内容都属于国家秘密，受法律保护。另外，针对交通、信息传输不便的偏远选区（有的投票点抵达外界坐船需要六天时间），巴西还采用卫星传输技术（SMSAT）直接将全国偏远地区的选票信息实时汇总到各个选区选举法院。

巴西《选举法》相当严厉，任何公开选票内容和在投票现场与电子计票器合影自拍都属违法行为，甚至可能面临刑法处罚。选举日不准许在选举站进行宣传拉票活动，不准许随意在选民出站时问讯统计选票。选举人投票前必须将随身携带的照相机、摄像机、移动电话等设备交到投票工作人员处，如果被发现没有这样做，将处以罚款或刑拘。巴西选举法对社交网络舆情分析管理也比较严格，任何个人或组织不得擅自进行社交网络选情分析，违反者轻者罚款10万巴币，重者入狱判刑。

根据巴西联邦最高选举法院公告，巴西规定年满16岁就可投票，但不是要求必须投票，18至70岁则必须要投票，2014年巴西选举有效选民达到1.4亿。为便于身处巴西之外的选民投票，巴西在全球118个国家的168个城市为巴西侨民设立了选举站。

如何保证选民在投票日参加投票呢？巴西的办法值得借鉴，在选举前的几个月，各家电视台及媒体即开始公告投票时间，要求选民按时投票。选民在所在选区投票时，都会找到自己的有关信息，参加投票后会拿到投票回执联，上面有投票人的姓名、号码、生日等内容，这是已投票的证明。如果没有投票将被罚款，罚款金额倒是不高，根据具体投票情况处罚：1至35雷亚尔。不要小瞧投票回执，你在参加工作应聘时很多机构会要求出示，在需要公共服务时，如医保、社保，包括上大学均要提供投票回执。如果有特殊情况无法参加时，必须提供足够的证明材料，不投票尽管罚款不多但会给日常生活带来诸多麻烦，这些措施保证了选民有效投票。

2014年的大选异常胶着，难分轩轾，选举过程可谓一波三折。原社会党候选人爱德华多·坎波斯8月13日在桑托斯死于飞机失事，他的竞选伙伴玛丽娜·席尔瓦代替他为社会党总统候选人。这一事故增加了大选的变数，民调一度认为，总统大选将是两个女人的对决。首轮于10月5日开始结果显示现任总统罗塞夫赢得了41.6%的选票，处于领先地位，社会民主党的阿埃西奥·内韦斯得票率为33.5%，社会党候选人玛丽娜·席尔瓦为21.3%。罗塞夫虽然领先于对手内韦斯，但两名候选人得票均未过半而举行第二轮投票。最终的争夺将在罗塞夫和内韦斯之间进行。而此时排名第三无缘进入第二轮投票的社会党候选人席尔瓦宣布与排名第二的社会民主党候选人内韦斯联手，使得选举进一步白热化。选前民调显示，罗塞夫和内韦斯的得票率难分高低，陷入技术平手局面。

10月份的第二轮选战期间，候选人分赴各地开展激烈的竞选活动，并参加了由巴西主要电视台组织的施政辩论现场转播活动。每个尖锐的辩论问题都是面对面的限时答辩，气氛剑拔弩张十分激烈，可以用唇枪舌剑殊死较量来形容。10月26日，巴西总统大选迎来第二轮投票，罗塞夫以51.64%比48.36%击败内韦斯。这是巴西民主化以来差距最小的一次总统选举，迪尔玛·罗塞夫成功连任总统。

然而刚刚过半的支持率表明近一半选民并不看好这位“老游击队员”。据分析，经济较为落后的北部和东北部地区鼎力支持罗塞夫，经济较为发达的东南部、南部和以大型农牧业作为经济支柱的中西部地区，则普遍支持内韦斯。从投票结果来看，穷人赢了，这意味着巴西很可能将继续采取偏重社会福利的政策。选举结果公布后周一，巴西股市和货币应声而跌。股票就跌至近7个月来的最低水平。其中，巴西石油公司的股票跌幅最大，达到12.5%。与此同时，巴西货币雷亚尔的汇率也跌至9年来最低水平。表明各大经济利益体对总统丧失了信心，揭示了经济阶层之间的裂痕。

自劳工党卢拉2003年上台后，巴西经济曾大放异彩，2006年，巴西经济规模超过韩国成为世界第十大经济体，2011年又一度超过英国成为第六大经济体，卢拉卸任时的2010年，巴西经济增长率甚至达到了7.5%。国际国内公认巴西在经济增长和社会发展两个领域比翼双飞，国际社会盛赞巴西“再次崛起”。2014年世界杯和2016年奥运会这两大体育盛事的主办权也被巴西收入囊中，成为巴西崛起的象征。罗塞夫2011年前成功以“卢拉接班人”姿态当选首位女总统。她延续福利政策，将失业率控制在4.9%的历史低位，国民平均收入扣除通胀后亦在她任内增加了10%，使巴西成为金砖五国之一。而巴西没有延续太长的繁荣时间，政府把太多成果投入到消费上，而投资的力度不够。结果现在基础设施瓶颈和低生产力以及随之而来的高通胀和缓慢增长，令经济大吃苦头。这个过去十年还是全球最具活力的新兴市场已经从云端跌回到地面。

当然一个国家的成功与否不能以经济发展论成败，实施财政福利还是撙节路线有待商榷，若干年后铩羽而归的内韦斯能否会重整旗鼓卷土重来，抑或有其他变故，让我们拭目以待。

旁观大选（2）

决定来巴西时我感觉自己是个幸运儿（尽管来之前看《上帝之城》电影吓得想打退堂鼓），因为巴西是南美大国、金砖国家，充满着异域神秘色彩，吸引着我一探究竟，而且计算任期我会在巴西经历世界杯、巴西大选以及奥运会！没想到的是我还多了一个经历，竟然感受

反对迪尔玛的百万人大游行

了百年难遇的总统弹劾，现在看来还有可能经历2018年的总统大选。

外界普遍认为世界杯、奥运会作为巴西的经济发展双引擎将继续推动巴西经济在连续10多年快速增长的基础上继续加油。但事与愿违，巴西经济一反常态，拜中国经济放缓进入新常态所赐，“中国一感冒，全球都吃药”，巴西靠出售大宗商品过上的好日子戛然而止，经济逐步走低，只有更低没有最低！世界杯、奥运会都没有达到预期的效果。民众反对声高涨，认为政府将民生的钱花在了办世界杯和奥运会上，加上巴西国家足球队在家门口遭遇奇耻大辱，整个国家的士气也因此一蹶不振。巴西总统迪尔玛·罗塞夫在以极其微弱的优势连任后，即开始在民众持续不断的示威游行中跌跌撞撞地迎来弹劾。

按照巴西法律规定，弹劾总统的程序复杂且苛刻。不仅要通过弹劾报告，还要在参众两院通过多数议员的支持，期间还有无数的听证会。鉴于罗塞夫联合政府的执政党地位使得在参众两院拥有众多的议席，普遍分析通过弹劾无疑是一项不可能完成的任务。然而事态走向不以“乐观”的意愿为转移，事件脉络跌宕起伏，堪称一场剧情诡秘悬念迭出一波三折的大剧！

事件1：洗车行动（Lava-Jato）。该行动是巴西历史上最全面的反腐调查。这一行动始于2009年，最初只是针对地方政客洗钱案的调查。随着调查深入，2014年发现巴西石油公司存在大规模贪腐案件。巴西最大的几家建

■ 迪尔玛充气人偶

■ 反对迪尔玛的人群

筑公司为获得巴石油的业务合同，给予巴石油高管和相关官员高额贿赂，有些则违法作为巴西劳工党的竞选费用。据估算，涉案金额超过一百亿美元。其中涉及的头面人物直至前总统卢拉、总统迪尔玛（曾出任过巴石油总裁长达7年）、副总统特梅尔、众议长库尼亚。

事件2：弹劾缘由。罗塞夫虽然明面上没有直接受到洗车行动的牵连，但巴西众议院收到了弹劾议案。理由是她操纵政府账目，虚假平衡账户，以此来隐藏日益增长的财政赤字。议案还指控执政党利用公共资源为赢得大选非法提供资助。收到弹劾议案不等于受理该议案，必须众议院议长库尼亚同意。此时执政党议员决定在国会道德委员会投票赞成对库尼亚进行腐败调查。库尼亚威胁，如果政府支持对其腐败案调查，将启动弹劾总统罗塞夫的程序。罗塞夫对此威胁不为所动，2015年12月2日下午，库尼亚宣布，接受对巴西总统罗塞夫进行弹劾的议案，批准启动弹劾总统罗塞夫的程序。有权威人士分析说是库尼亚公报私仇。由于该程序可能存在问题，被最高法院叫停。

事件3：成也卢拉败也卢拉。2016年3月4日，卢拉被短暂扣留，就“洗车行动”相关的洗钱案接受问讯。案件移交给负责审理“洗车行动”的联邦法院法官塞尔吉奥·莫罗（Sergio Moro）处理。而此时罗塞夫任命卢拉出任有着“超级部长”之称的总统府民事办公室主任。巴西法律规定，如果现任内阁部长受到司法调查或起诉，他的案子只能交由联邦最高法院处理，其他司法机构不能越权处理。入阁后将享有一定的豁免权。具有讽刺意味的是，有人扒出卢拉当年上台前的名言：穷人偷了东西就去坐牢，有权势的人偷了东西就去当部长。分析人士指，总统罗塞夫此举不仅是出于保护卢拉，而且希望卢拉能够利用他的政治智慧和在国会成员当中的影响力，阻止弹劾程序。意想不到的是罗塞夫与卢拉关于“将任命其为内阁成员并提供在不时之需可以使用的文件” 的通话内容被监听并公开，此举引发轩然大波，全国爆发大规模游行示威。13日圣保罗保利斯塔大街超过了100万人游行，这是我到巴西这些年来看到游行人数最多的一次。17日卢拉宣誓就职后仅数小时，巴西利亚联邦区法官签署临时法令，中止政府对卢拉的任命。卢拉入阁骤升变数，给本已陷入旋涡的巴西政局带来更大麻烦。

事件4：持续发酵。巴西国会众议院特别委员会3月11日晚举行表决，以38票赞成、27票反对,通过支持弹劾总统迪尔玛·罗塞夫的报告。这意味着,弹劾案将被提交至众议院全会讨论表决。巴西最高法院经过审议后于16日为已叫停的弹劾程序放行。巴西众议院决定17日立即重新启动弹劾罗塞夫的程序，巴西政坛进一步剧烈震荡。29日，执政联盟伙伴、巴西最大党民运党与劳工党决裂，宣布脱离罗塞夫的联合政府。参议院81席当中，执政联

■ 反对者将迪尔玛比喻为传播寨卡病毒的蚊子

盟原本掌握53席，民运党拥有18席，众议院513席中执政联盟原本掌握365席，民运党拥有69席。因此民运党的去留对罗塞夫政府至关重要，而且民运党的离开带动了其他小党脱离执政联盟，弹劾案通过机会大增。面对如此危机，罗塞夫取消了前往华盛顿参加核安全高峰会行程。她在总统官邸与一批尚未表态的议员闭门会谈，游说他们投反对票或弃权，争取避过弹劾。作为“第一顺位”总统继任者的现任副总统民运党主席特梅尔已经急不可耐，提前录制了以总统继任者身份的讲话，“意外”发错了地方被媒体公开。

事件5：众议院通过弹劾。投票于当地时间4月17日14时开始，各党派代表首先进行了长达4小时的动员陈词。18时左右，到场的511名议员开始按事先拟好的顺序轮流表决，最终以367票赞成、137票反对、7票弃权通过了总统弹劾案。从来没有对别的国家政治这么感兴趣，我们一家人一直守在电视旁看如演员的议员们。有的像是革命电影里处决叛徒时的镜头：我代表什么、为了什么等等，也有冲着主持会议的议长库尼亚指着鼻子破口大骂。在决定性的一票将产生时，这名议员还激动地流下了眼泪，声嘶力竭地表达完观点后被激动的议员们高高抛起。弹劾案转交参议院审议。当天晚上还没有出结果前，我跟儿子去保利斯塔大街拍照，人群围观着大屏幕随着这些议员的表态或欢呼雀跃或嘘声一片。而当天晚上示威者一直占据着保利斯塔大街直到第二天还没散去，我上班时正赶上警察清场，首当其冲的是庞大的警用高压水车和全副武装持盾牌的防暴警察，接着是几辆警车并排占据了整个街道，最后是军警在路上一字排开向前推进。高压水枪威力神勇，很快就冲散了示威人群，接着听到几声巨响，不知是鞭炮声还是防暴枪声。身边的人群中有人唱起了国歌，但挡不住开动起来的国家机器。

事件6：众议院议长被罢免。库尼亚在完成众议院弹劾程序后，被巴西联邦最高法院大法官全会停职。法令中说，库尼亚涉嫌卷入巴西石油公司腐败案，被最高检察院正式起诉，已不再具备行使议员职责的资格。有句话叫多行不义必自毙，抑或说兔死狗烹。有分析指出库尼亚被巴西朝野上下共同诟病，然而其被停职的时间节点好生奇怪。不过他不是重点，就像一波涟漪很快就消失了。2016年9月12日众议院举行投票，剥夺了其众议员资格，意味着他丧失司法豁免权，司法机关可以不受约束对其展开调查。

事件7：代议长出尔反尔。巴西众议院代议长瓦尔迪尔·马拉尼昂5月9日签署决定，废止已获众议院全体会议通过的弹劾案，并且将该案从参议院收回。他表示签署该决定源于联邦总律师卡多佐的上诉，认为弹劾案程序有瑕疵，需要重新进行。巴西参议院议长雷南·卡列罗斯随后宣布，参议院将无视众议院代议长废止弹劾案的决定，按原有程序继续审理对罗塞夫总统的弹劾。然而到了午夜，众议院代议长又宣布撤销他当日早些时候签署的废止众议院总统弹劾案的决定。估计又是迫于某种压力。2017年3月30日，库尼亚被判处15年零4个月监禁。宣判后，库尼亚的律师团队表示将提起上诉。

事件8：罗塞夫被暂时停职。巴西参议院5月12日就罗塞夫总统弹劾案进行全体投票，以55票赞成、22票反对的简单多数予以通过。罗塞夫将被暂时停职最长180天，年届七旬的副总统米歇尔·特梅尔就任代总统。一场大戏暂时告一段落。参议院对迪尔玛的弹劾最终程序定在8月末，如果罗塞夫最终被罢黜的话，特梅尔的任期将持续至2018年12月31日。他已经表示，不会参加下一任总统竞选。

作为“受害者”，迪尔玛在讲话中回应：“这是场政变，我没有犯罪。”她发誓要用所有司法手段对抗“不公正”。与此同时司法部部长表示，绝不会容忍“选择性执法”或“司法程序的政治化”。实际上感觉作为总统的舅妈真的很“窝囊”，处处被掣肘，当然身处反对派大本营圣保罗支持者寡也是重要原因。卢拉也说她没实权，被架空了，在这场政治斗争中，目前而言在台上尚且不能保住位置，在这暂时停职的180天里，由台下到台上，难度可想而知。如果罗塞夫下台，将意味着巴西左翼政党13年执政历程的终结，同

■ 防暴警察驱赶示威群众

时也意味着20多年的拉美左翼革命告终。眼见他起高楼，眼见他宴宾客，眼见他楼塌了。当然一切皆有可能、风水轮流转，明年到我家。

相信日后定会有好事者将其拍成电影。上述文中只是叙述各事件的结果，每个事件的背后都会有激烈的博弈。比如对投票顺序争执不下，当时有些很不理解，后来使馆的专家解读，谁先投票都会对后面投票的心理产生影响。每个事件的背后都是各势力的暗涌抑或是赤裸裸的交易。

巴西代总统米歇尔·特梅尔5月12日宣布组建新内阁。同时，总统罗塞夫所属的劳工党已全部退出政府。新内阁由23名部长组成，多数来自特梅尔所在的巴西民主运动党。人数比罗塞夫时期减少了9人，原来的政府部门中，6个政府部委被合并，3个部级单位被降级，力度之大令人惊叹。而且新内阁成员全部由白人男性组成，既没有女性，也没有少数族裔，这引起舆论的广泛关注。特梅尔当天发表讲话，誓言重塑民众信心，致力于成立“救国政府”，号召全国团结起来，尽快使巴西摆脱危机，“制止巴西经济呈自由下落”。

被停职一周后的周末，有人拍到罗塞夫依然在骑车锻炼，这种既可称为作秀也可认为卒然临之而不惊的政治家风度，让人觉得后面还会有好戏。城头变幻大王旗，保利斯塔大街的示威游行依然如故，只是旗帜和口号变了，原来是“Fora Dilma（意迪尔玛下台）”，现在是“Fora Temer（意特梅尔下台）”。手持一副破牌的代总统是否有扭转乾坤之力有待证实。特梅尔也要被弹劾传得沸沸扬扬，他的临时政府能够走多久？能否阻止罗塞夫重新回到总统的位置？这些都在被全球广泛关注。正如卢拉所言：政治就是将一切不可能变成现实的艺术。杭州G20峰会前夕，新闻联播公布峰会各国领导人名单，别的国家明确写的是某某总统，而巴西写的是领导人，这就是政治艺术，因为当时不知是特梅尔转正还是迪尔玛归位。

关键时刻终于来临，2016年8月25日，参议院弹劾裁决会议开始。8月

29日，罗塞夫出席裁决会议，为自己做陈述辩护。8月30日，控辩双方进入答辩阶段，答辩结束后，每位参议员可以有10分钟时间自由发言，81位参议员中的66位要求发言。发言持续了14个小时，直至31日凌晨。8月31日上午11时，裁决进入到最后阶段。最高法院院长对双方答辩进行总结。随后，两名辩方参议员代表和两名控方参议员代表分别做每人5分钟最后发言。最终，参议院全体81名参议员进行投票，投票结果显示，61人赞成弹劾罗塞夫，20人反对弹劾，支持弹劾罗塞夫的参议员超过三分之二，罗塞夫正式被弹劾下台。这场旷日持久的政治大戏终于落幕，左派劳工党（PT）13年的统治也画下句点，巧的是劳工党在高等选举法院识别号码也正是13。参议院还对是否剥夺罗塞夫的政治权力进行了投票，结果支持票数不足三分之二，罗塞夫的政治权力得以保留。31日罗塞夫离开总统府时也誓言："我会回来。"

罗塞夫遭到弹劾的深层次原因是巴西民众对经济连年衰退、通货膨胀加剧、生活水平下降、腐败日益严重感到强烈不满。特梅尔政府必须解决这些棘手问题，尽快扭转经济发展困局，改善民生，削减赤字平衡财政，重振巴西经济，这些无疑是特梅尔政府施政成败的关键。

8月29日下班后在回家的路上遇到游行，我也去凑热闹随着游行队伍走了一段，本来以为习以为常的游行竟然遭到警察催泪瓦斯袭击，幸亏反应快拔腿就跑。这下在巴西的经历更丰富了。

2017年5月17日，媒体报道巴西最大肉类加工企业JBS负责人巴蒂斯塔向司法机构交出一份与总统特梅尔的谈话录音，录音中特梅尔要求JBS向已经入狱的前众议长库尼亚支付"封口费"。此条新闻在全国掀起轩然大波，弹劾特梅尔在呼声高涨。2017年7月12日，巴西前总统卢拉因被指控贪腐和洗钱，一审判处9年6个月徒刑。

第五章

中巴交流

中国人表面耻于谈钱，巴西人当面要求加薪。中国人很看重钱但是讳莫如深，巴西人则每年都要找你加薪，如果经常表扬他，他会认为既然觉得我这么好，那就应该给我涨工资。中国人即使手头没事，到下班时间，领导不走他也不敢走，更别说索要加班费了。巴西人到点走人，并与每个人热情打招呼。普通员工如果加班要加班费是没商量的，要跟他谈谈算做贡献了吧，那好，早晚你会连本带息一块给。

■ 华人在巴西的农场

华人在巴西

圣保罗的华人有30万左右。据总领馆的朋友介绍，大约95%的华人是国内文化程度偏低、务工人员和从事小生意者。初来时大多没有合法的巴西身份，千方百计通过各种途径纷至沓来。为什么是这种情况？改革开放以来，华人移民如雨后春笋。主要地方先是欧洲、北美，再是澳大利亚、新西兰，经过这么多年的苦心经营，这些国家的华人已经站稳了脚跟，打拼了一片天地。但是后来的华人机会就少许多，而有太阳照到的地方就会有华人，南美逐渐成为新的目的地。

华人获得身份的途径有许多，首先是投资移民。巴西投资移民的门槛相对较低，目前分为投资60万和15万

雷亚尔两种方式。投资60万的不需要聘请当地雇员，投资15万需要聘请3名员工（3年内的计划），开办公司时至少要聘用一名，全家都可取得巴西永久居住身份；其次是与巴西人结婚，我遇到不少与当地人结婚的，但以结婚方式获得身份的还没遇到；再就是在巴西生孩子，孩子是巴西国籍，父母因此获得永久居住身份。圈里人开玩笑：来巴西积极干的第一件事就是给巴西人当爹。还有一项特殊的政策，是巴西每隔几年会对非法移民大赦，从而取得合法化身份。总之，华人想办之事一般都能办到，办法总是有的。偷渡来巴西据说行情是10万人民币左右，就这样亲戚带亲戚、老乡带老乡、朋友带朋友，滚雪球般在巴西落了户，暂把他乡变故乡。华人主要以福建和广东人居多，过去山东人恋家又或许受孔子“父母在，不远游”的教育，出国的人少，可后来我听说山东单县的一个村就有100多人来巴西！

华人移民巴西的历史可以追溯到200多年前，当时巴西计划大规模种植咖啡和茶叶，为此派遣特使前来中国与清政府洽谈，希望中国向巴西大量移民，清政府拒绝了这一请求，但是特使在广东、澳门一带私自招募了数百名茶农。虽然后来种茶业在巴西没有大的发展，但这批华人在巴西扎了根，在里约还可以寻访到，但基本已经完全巴西化了。1895年，康有为就曾提出移民垦荒之策：“遍考大地，可以殖吾民者，惟巴西经纬度与吾近，地域数千里，亚马逊河贯之，肥饶衍沃，人民仅八百万，吾若迁民往，可以为新中国……故欲开巴西以

■ 纪念华人移民巴西 200 周年活动

存吾种。"直到多年以后，康有为仍感慨："吾国人若能早留意于巴西，则吾创一新中国于巴西久矣"。

巴西特使在清政府这碰壁后，无奈之下转去日本，与清政府不同的是，天皇答应了请求，日本政府有组织地向巴西大量移民，经过数代繁衍，巴西的日本侨民已经达到200多万，是除日本本土外日本侨民最多的国家。目前，巴西的重要部门机构人员中基本都有日本后裔，在巴西国内享有举足轻重的地位，甚至巴西有很多外来词汇是日语。

我认识一个台湾来的导游，闲聊时得知，她家原来是搞进口贸易的。巴西是轻工业落后，同时又是高消费的国家，当年的日子非常好过，生意兴隆。但是随着大陆人蜂拥而至，台湾人的经商空间受到了极大挑战，好日子一去不复返了，无奈之下转行。因为大陆人进货价格低廉，对巴西人而言可谓物美价廉。甚至目前在巴西流行有一句话：Um negócio da China.直译为：与中国的交易。意为非常便宜、划算的交易。巴西商人动辄成倍加价，

■ 华人盛装迎新年

同样的商品巴西价格是中国3倍左右。大陆人则互相压价厉害，新潮的商品几天的工夫就能呈跳水态势。主要原因是货船到港后，由于是新潮紧俏商品市场紧缺，铺货时价格较高，一旦市场反映很好，销售一空急需补货时，不同进口商的大量订单雪片似的飞到国内，等货到巴西之时这种商品已经充斥市场，抛售都来不及，价格跳水也不足为奇了。台湾人则转做比较专业的律师、会计师、翻译、医生、物流等职业。以此类推，估计不久的将来，随着国内产业转移，廉价的商品将逐步转至东南亚等欠发达国家，大陆客将失去巴西的市场，而这些文化程度相对较低的华人除了靠体力还能靠什么呢？

在巴西的华人主要从事开饭店、做冒牌、旅行社、进口贸易，也有一些做地下钱庄，进口很多都是低报、走私或者灰色清关。没有资金实力试着闯荡以图转变命运的华人初到巴西，主要靠老乡，靠比巴西人勤劳。最开始打工、去夜市或路边摆地摊，逐步站稳脚跟后，开始找固定摊位，如去最负盛名的25街商业区，这里有数百家华人商铺，有些是华人二房东转租的。还有专做倒爷，批发各进口商货物再转批发，目标是华人和巴西人以及外国人开的商店，收益也很可观。我有一个干这一行的朋友放弃了为中资企业周末开车的工作，中资给他的待遇还是不错的，一个月2000雷亚尔。但没做多久就辞掉了，问其原因，答曰："周末需要跑市场，给他的2000雷，他一个周六就能赚到了。"

巴西是个消费主导的国家，民众没有储蓄意识，典型的今朝有酒今朝醉。还有一个原因是通货膨胀，好不容易攒的钱时间长了就成了废纸。巴西历史上发生过多次通货膨胀，被迫进行币值改革，雷亚尔就是币值改革的产物。巴西人对名牌的热衷程度一点也不逊于中国人，而冒牌产品又是一些中国商人的强项，所以在巴西非常好卖，但警察因此常常查封此类货物，华人也把这些警察等同于强盗，更有甚者一些警察以查扣为名索贿，而个别华商还愿意警察收钱，认为只要收钱就好办事，跟华人打交道是肥差啊。很多警察精于此道，经常查封商家，但是只简单查封从不顺藤摸瓜对产销链一网打尽，油水因此源源不断。我见过警察到华人超市白拿东西，也颇有趣，当时我在门口等人，见警车来到，下来一警察，到了门口同超市巴西伙计点头握手，也朝我点头感觉还有点弯腰鞠躬的意思，进去拿了几瓶饮料就出来了，打招呼走人，有点怯怯的。事后我问过老板，老板悄悄地说，每天都来好几趟，有一次伙计让付钱，没几天商店就被强盗抢了。

2016年11月圣保罗一华人商场发生严重火灾，159家华人商铺和200多家仓库被烧毁，财产损失逾两亿元人民币。该商场店铺绝大多数为浙江青田侨胞所有。灾后华人华侨踊跃捐款，帮助受灾同胞渡过难关。事后我与一位侨领谈及此事，他告诉我这次火灾损失惨重的一个重要原因是这家商场与附近几家警察局的关系非常好，警察对这家商场也格外关照，因此在圣保罗治安环境恶劣的情况下，商场比经营者的家里都安全，所以这些经营者把现金支票等贵重物品都放在商场商铺里，一场突如其来的大火使这些经营者倾家荡产。

当然很多人初到巴西面临着生存的压力，举目无亲、语言不通，非常艰辛。巴西媒体经常有解救中国被奴役劳工的报道：他们在十分恶劣的工作场所工作，住在狭小肮脏的场所内，每天从早做到晚，老板还扣押了劳工的护照。一些在中国司空见惯的劳工问题，在巴西可是大问题。巴西劳工部有消息称，受害者尽管没有遭受过虐待，但由于他超时工作以及没有周末休息的事实，显示了他正在遭受奴役。我嗤之以鼻：这算什么奴役，国内工作一直提倡白加黑、五加二（白天加黑夜，每周五天加周末），早就超过这个标准了。值得称道的是巴西政府表示，只要劳工本人愿意，将帮助他办理在巴西的永久居住以及保障他在巴西的劳动者权益。总体而言，华人进入巴西主流社会的比例很小，而且我周围的华人申请巴西国籍的少之又少。一些功成名就的老华侨基本上深入浅出，家境殷实的不乏其人，有的在圣保罗最大的

■ 星云法师在巴西创办的如来寺

也是寸土寸金的25街批发市场有多栋产业，有的名下矿山数座。张大千当年也曾卜居巴西19年，在圣保罗郊区自建八德园，可惜已经荒芜。巴西华人参与巴西政治的热情不高，鲜有位高权重者，代表人物有威廉巫和李少玉。威廉巫是第一个进入巴西国会的华裔，遗憾的是这名经常出入中国在巴西重要活动的混血华人居然不懂中文。原巴西华人协会会长李少玉曾当选为圣保罗

■ 接受央视采访的一家

市议员。巴西利亚华侨华人协会会长顾杭沪先生因用针灸医治好了前总统卢拉的肩周炎，推动了针灸疗法而被正式承认。当然很多在巴西耕耘多年的华商与当地政府的关系也很融洽，我认识一位华侨的企业位于圣保罗的一个小卫星城，在这座城市100岁生日时，他捐了一个100米长的蛋糕，摆在市政府门前供市民分享，引起不小轰动。

随着与巴西的融合越来越深，新生代融入当地主流社会的意识在逐步增强。然而令人担忧的是，华人对子女的教育虽然非常重视，但是不太重视中文的学习，想当然地认为中国人自然会说中国话，慢慢等孩子长大却为时已晚。我曾面试过在圣保罗大学毕业的华人学生，中文报纸有一半看不懂，中文沟通都有困难。即使这一辈年轻人进入巴西主流，但是中文不精通的人对中巴文化经济又能做多少贡献呢?

我曾经与很多人沟通过华人教育问题，也有很多困惑。巴西的教育很宽松，基本上每天只上半天的课，更无晚自习，简直就是学生的天堂。大致华人子弟教育是这样几种情况：出生在巴西家庭条件好的华人子弟进入私立学校，同时给孩子上中文课，上巴西名牌大学，有的考入美国的高等学府。还有的干脆上国际学校，英语成了母语，我一个哥们家的两个孩子都在国际学校上课，目前看老大成绩很好，英文葡语中文均不错。老二还小，有时中文说得不太顺畅，老爸是浙大研究生，对孩子教育自然很重视。而家庭条件差的进免费的公立学校，中文基本维持在较低水平。有的家长把孩子送回国内上学，等小学或初中毕业再带回巴西，毕竟在国内学的中文基础扎实。但也有不同声音，在国内上完小学，10多岁的小孩子来巴西，中文

中国传统的民俗欢庆活动深受巴西人的喜爱

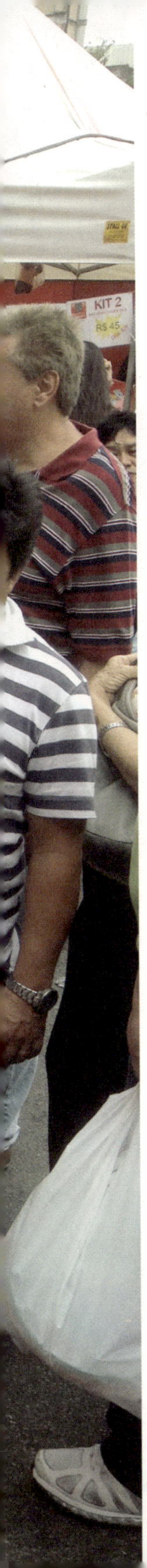

的基础还是较薄弱，时间一长也就忘得差不多了。而初中毕业来巴西的孩子，中文的基础很好基本够用，但学葡语的难度很大，有的就会失去信心干脆不学了。

我个人觉得在国内完成初中教育后再来巴西会好一些，到工作时优点就很明显了。首先是中文过硬，超过在巴西长大的华人学生；其次是葡语经过高中、大学的学习也会非常好，与当地长大的孩子水平差别不大，而且要远远好于国内葡语科班出身的学生。如果家长是中资的，绝对是中巴友谊又红又专的接班人。

华人虽然对巴西的政治不活跃甚至不感兴趣，但是对华人社团却非常热衷，特别是近些年巴西的华人社团如雨后春笋般呈兴旺发达之势。我在大使馆、总领馆参加过多次活动，各种头衔的侨领应接不暇。据不完全统计，巴西各类侨团、宗教团体、文教团体数以百计。除了有官方背景的巴西中资企业协会外，综合性社团著名的如巴西华人协会、巴西里约华人联谊会、巴西利亚华侨华人协会等，活动多、号召力强。专业性社团著名的如巴西华人文化交流协会、巴西华人学生联合会、华声艺术团等，丰富了华人文化生活。商业团体著名的如巴西中华总商会、巴中经济贸易促进会等，旨在挖掘商机、共谋发展。还有为数众多的各类同乡会，著名的如广东同乡总会、东北同乡会、河南同乡会、冀鲁同乡会等，这些同乡会凝聚力强、有难同当。还有一些宗教组织，规模大的有星云法师创办的如来寺，楹联曰：佛光普照三千界，法水长流五大洲。

巴西中国退伍军人联谊会则是世界华人圈独有的一个社团，成员包括大陆和台湾的退伍军人。这些社团呈现多元化的趋势，非常好的一点是大陆和台湾的互相包容、互动良好，有的则将两岸和平统一列入社团宗旨。社团繁荣形成了华人力量，非常有意义，但也存在一些层次境界不高、吃吃喝喝热衷小圈子、鱼龙混杂的问题，这些问题恰恰是华人问题的缩影，亟须充实有现代意识、追求高的新鲜血液。

近几年，孔子学院在巴西的影响逐步增强。中文教育、中国文化传播得到了巴西的积极响应。各家孔院经常举办各类文化、经济讲座、中华传统节日活动以及举行中国电影周等活动，推动中巴文化交流，融入巴西，宣传中国，效果显著。有一次，巴西女同事上过中文课后，到我的办公室用巴西口音的普通话认真地跟我说：“Mr.Ji，我可以喊你老季吗？”

前车之鉴

我的老领导曾经用三个词形容巴西，分别是：巴西成本、巴西效率和巴西陷阱。当然意思都是负面的，但却形象地说出了中资企业在巴西艰难前行的困境。大部分来巴西的企业基本走过相同的三个阶段：首先是发现了大金矿，高高兴兴来；其次是来了之后发现这不能干那也不能做，备受打击；最后再经过几年磨合慢慢开始适应巴西的经营。在巴西有很多中资企业发展得很好，取得了令人瞩目的成绩。在此主要聊聊困境，以飨后来者。为避免给当事企业造成麻烦，对不确定是否公开报道过的案例隐去了公司名称，时间及投资额等相关信息亦有改动。

某钢铁公司，2009年投资数亿美元与巴西合作方成立合资公司，购买了矿山并计划建钢铁厂。前期调研分析不可谓不谨慎，我看过相关让决策者拍板的论证，说得头头是道：与其坐在国内同那么多大钢厂竞争出口机会，不如一步迈入原料和市场所在地。当你意识到去海外投资建厂，利用国外的上游资源，我们只输出资金和技术，把国外当作钢铁加工厂，生产出来的高附加值产品在当地卖，换回来的是利润你就会不得不动心。这一策略对我国的资源、环保、开拓国际市场都是一种好的借鉴，感觉如果不拍板就要被别人捷足先登了。巴西的铁矿石含量高、价格非常便宜，在巴西买矿建厂不仅大大节省了原材料价格，同时省去了铁矿石从巴西运往国内的运费，怎么算都是稳赚不赔的好项目。然而事与愿违，矿山在那里，但是矿石运不出来，需要修建几百公里的铁路。以为认识总统、与首富合作肯定逢山开路遇水搭桥，没有搞不定的问题。确实这些事在中国不是障碍，在巴西却难度很大，指山卖磨不是不行，关键要看在哪。有消息称公司出面解释说：终止了该项目，避免了进一步损失。我比较认可这种说法，因为所谓的“首富”已经破产。

某农业公司，在巴西高调购买了大量土地，准备种植大豆。据说每公顷价格3万左右，投资数十亿，购买了数百万亩土地。这在土地红线时时报警的中国简直低得不可思议。对比中国是便宜，但是我也听说有每公顷几千就能买的土地，而且该公司购买的有很多生地，需要后续投入改造。如此便宜的土地上种植大豆，再运到国内，理论上也是与赔钱八竿子打不着的，不幸的是最终结果是项目搁浅，土地荒芜。究其原因，在巴西做农业不仅要生产出农产品，仓储也非常重要，这个可以有钱继续投，但致命的是其高调进入巴西引起了ABCD四大粮商的担忧，他们垄断了运输渠道，拒绝提供运输服务，大豆运不到港口，满地大豆只能烂在地里，而且其高调的行为也引起了巴西政府对外资购买土地的担忧，制定了更为严格的购买及使用限制，这无疑是雪上加霜。有消息还称巴西“无地农民运动”的成员占领了部分土地，让问题更加扑朔迷离。

某制造企业，当年看到金砖国家的发展势头，果断进入。经过“多方认真考察”，找到了巴西的一家生产企业，该企业的巴西负责人在业界非常有经验，双方一拍即合，成立了合资公司，双方各占50%，在巴西生产本土品牌产品。为了控制公司，中方提出了大老板担任公司董事长的提议，董事会成员席位双方各半，巴西方出任总经理。巴西方面同意了此要求，同时提出为加强管理，成立管理委员会行使日常管理职责，成员则由合资公司常驻人员组成。国内认为这也是加强监督的很好措施，当即答应。公司成立

■ 巴西注重环保奥运火炬“小巧玲珑”

■ 各种碰撞就如亚马逊的黑白河

后，生产和销售极为顺利，销售额节节攀升，短短两年时间，市场份额就达到巴西的10%，一跃成为该企业销售额增长最快的海外公司。大老板大会小会地表扬这个巴西总经理，并不断通过内保外贷的形式追加对巴西公司的投资，总额达到数亿美元，当地公司也基本借遍了金融街上的银行。然而好景不长，合资公司高歌猛进后戛然而止，企业停产，债权人起诉，法院查封了厂房和生产线，企业濒临破产。惊愕之余，中方聘请了专业会计师事务所调查，盖子终于被揭开，原来是巴西方总经理阳奉阴违恶意操作，一手导演了此剧。一是利用中方人按中方思维和惯例，没有深入研究了解巴西的实情。中方认为的董事会，实际类似于监事会职能，而巴西总经理掌控的管理委员会则有权决定公司日常经营中的一切事项，可以不需所谓“董事会”决议而对外签署一切文件。二是虽然按照中方要求聘请了会计师事务所监督，但出于节省费用的考虑，听由巴西方找了一家小公司，而这家巴西人选的会计师事务所自然与其狼狈为奸，任由其恣意妄为中饱私囊，做成这个样子也在所难免。最终的结果，虽然查明了真相，但想挽回损失基本不可能，而且这个巴西总经理也早已转移了资产。

以上三个真实案例是中资企业投资巴西失败中较为典型的，可以管中窥豹。成功的项目总是相似的，失败的项目各有各的不同。归纳起来有以下原因：

——对巴西缺乏足够的了解。巴西之所以成为现在这个样子，自有其历史的成因，他们的独特禀性、反复无常和不靠谱，使得我们对巴西的把控无所适从，勤劳、善于创新和习惯走捷径在中国人身上已经是第二天性，而巴西与此则是格格不入。中企的管理者普遍认为不可思议，无法理解，过去的经验常识已经不管用了。中国的一些生产企业快速发展主要依托严格管理、丰富的人脉、价廉的产品以及员工的加班加点任劳任怨，而这些中国企业的优势在巴西都难以发挥作用。劳工友好使得严格管理以及员工加班加点不可能，人脉当然不如巴西当地企业，巴西的法律和一些招投标要求又限制了从中国进口廉价配套产品。

——文化不同。巴西与中国国民特性就是完全截然相反的两种，参见下文“咖啡与茶”。中方员工大都没有经过系统的培训就一头扎进巴西，由于对当地规则的不了解，出现了两个极端：要么强力推进中方的文化和要求，对当地要求排斥致使冲突不断，劳工官司缠身；要么完全丧失自我，对巴西员工提出的要求言听计从，甚至盲从。曾有一家企业的巴西工厂发生员工罢工事件，尽管罢工在巴西司空见惯，但基本是行业性的罢工。据业界人士说这次企业内部的罢工事件完全可以避免，只是管理层受蒙蔽太深，对当地员工的动向基本无法掌控。

——法律不同。立法体系、立法程序完全不同，不熟悉规则，就会处处被动。某汽车企业高调进军巴西，凭低成本迅速打开了市场，引起了欧美在巴西的老牌汽车企业的警觉。他们通过影响力促使政府出台法规，对进口汽车征收高额税收，迫使该企业停下脚步，考虑提高国产化率。

——人才储备欠缺。葡萄牙语本身是小语种，过去国内很多院校师资缺乏，葡萄牙语专业两年才有一届，这几年才开始大力培养。按照巴西的劳工比例要求，中资在巴西发展，当地员工必须占多数。由于信任感、文化、习惯等不同，当地员工占核心及高级别员工的比例较低，影响企业发展的能力弱，也致使融入巴西的程度不高。甚至出现了“两张皮”的现象——外派和当地员工各干各的，凝聚力较低。

——环保压力剧增。曾经有个例子，企业拿到了土地，进行了勘探，完成了设计方案。正准备动工时，环保部门来检查时发现了动物，要求企业整个设计方案必须重新修改，不能破坏动物的家园！还有一家电力施工企业在线路架设工程中要通过鸟类聚集区，为消除业主的疑虑，我方信誓旦旦：“绝对不会让鸟影响线路的运营。”而业主却说：“正好相反，我恰恰是担心你们影响到鸟类的生存。”在巴西即使杀人都有可能不坐牢，但是不付抚养费和随便砍树是必须坐牢的，可见巴西对环保的重视。

——重投资轻调研。拿到可行性方案就义无反顾，一厢情愿生怕投资晚了，对细节的调研则敷衍了事，不舍得用投资小零头

■ 中资企业经常成为媒体的焦点

的钱做深入调研，给人的印象就是人傻钱多。收购的企业隐藏大量问题，等入主之后才发现有问题，然为时已晚。窟窿就像无底洞，无休止地吞噬真金白银。甚至在足球界，据说一个身价只有100万的球员经过包装后被中国1000万买走！

——定位不准，战略摇摆。预期过高使得结果不尽如人意时，产生疑虑，不断试错后无所适从，再加上外派人员普遍任期较短，对巴西的经济周期也判断不准，管理和经营上都没有积累。但由于员工调动频繁，后人总质疑前人的结论，任何事情推倒重来，导致一直在路上积累很慢，前任的经验教训对后任没有影响，学费不断重复交，即使前辈在“陷阱”边上扎好了篱笆，后来者还是披荆斩棘，不顾一切地跳进去。相反，欧美的一些跨国企业已经在巴西苦心经营了几十年。

中国驻巴西前大使陈笃庆说过：“投资与做买卖不同，在大的投资上要有长远的眼光，不断地耕耘，才可能生根发芽。”有些行业产品需要巴西方面的资格认证，而办理相关手续要数年的时间，这些年是不会有任何收益的。而一旦认证成功，就像得到了通行证，一路畅通无阻，可惜的是这种耗时耗力的认证工作都不被重视，大多数都只想吃现成的，只图简单地做包工头胡活，战略上的短视无法在这片热土上有所作为。

咖啡与茶

一位来巴西工作的老前辈，曾主导在公司的宣传折页上印上“咖啡与茶”的图案。这个比喻很睿智。巴西桑坦德银行的一位高管在对来访的专家介绍情况时，首先就谈到文化融合问题，貌似空洞，但我认为这是核心。

我曾遇到过一位中企高管，对巴西方方面面都看不惯，在与巴西客户共进晚餐时，巴西人善意地问他喜欢巴西吗？这实际上是礼节性的问题，答案已经在提问者心里，但是让巴西人意想不到的是，这位高管斩钉截铁

■ 与同事合影

■ 中国书法课

地回答：“NO！”这则真人真事暴露出巴西在很多中资企业领导心目中的印象。巴西真的是如此不堪吗？也未必，就拿生活习惯而言，巴西人喝咖啡你喝茶，你可能认为一个小姑娘冬天还要喝冰水不可思议，但是巴西人认为你们中国人大热天也要喝热茶更不可思议！国内谁租房子谁收拾，但巴西租客搬走时必须要把房子恢复原样。所以人种不同、生活习惯不同、规则不同，要互相理解，要有同理心，不能一味吐槽巴西，如果说中资企业在巴西市场还没有打开局面的话，文化障碍则是绕不过去的重点。

中国人吃苦耐劳，巴西人追求安逸。中国人祖祖辈辈辛勤劳作，信奉吃得苦中苦方为人上人，巴西很多人不认为勤劳是优点，放着现成的条件不享受那是不会生活。我周围的巴西人通常很早就规划好全年的假期，即使辛勤工作也是为了享受假期快乐的时光。中国人心无止境，巴西人小富即安。感觉中国人始终在不停折腾，互相攀比永远不知足。巴西人通常会规划好自己的薪酬，除了每月发工资外，巴西普遍实行每年多发一个月的工资，称作第13薪，即使这第13薪巴西人也都确定好了用途。口袋有点钱就要想办法花出去，如果每月有盈余简直就是富翁了。我的一位巴西朋友因为家里出了一些变故，向我借5000雷亚尔，写了一封长长的邮件，我把钱转入他的账户时千恩万谢，并告知还款时间。圣保罗西湖餐馆的老板告诉我，他每天收到的服务费必须当天分出去。中国人可以一天不花一分钱，巴西人则是必须要花钱的，晚上下班后不买瓶啤酒就好像虐待了自己。

中国人崇尚牺牲精神，巴西人讲究现实。中国人可以牺牲自己成全下一代，含辛茹苦为房子、孩子的学业奔波，巴西人没有条件不会包办孩子的一切。有一次我请假陪同妻子去医院做胃镜检查，巴西同事告诉我因为要进行麻醉，检查后一定要在家里陪同。检查结束后妻子没有感觉不适，我手头有些工作就直接回了办公室。但巴西同事得知我既没有在家陪同妻子也没有送妻子回家时，平时非常友好的眼神里竟然看出了鄙视。中国人小不忍则乱大谋，巴西人不懂委曲求全。中国人深谙“人在屋檐下，不得不低头”，即使被老板骂得狗血喷头也会强颜欢笑。巴西人则不媚上司，不受这窝囊气，动辄诉至法院。某公司领导曾经批评巴西司机没有将车辆清洗干净，巴西司机认为伤自尊扬言起诉。慢慢形成了一个有趣的现象，上一秒对外派员工怒目圆睁，转眼对巴西员工满面堆笑。

中国人表面耻于谈钱，巴西人当面要求加薪。中国人很看重钱但是讳莫如深，巴西人则每年都要找你加薪，如果经常表扬他，他会认为既然觉得我这么好，那就应该给我涨工资。中国人即使手头没事，到下班时间，领导不走他也不敢走，更别说索要加班费了。巴西人到点走人，并与每个人热情打招呼。普通员工如果加班要加班费是没商量的，要跟他谈谈算做贡献了吧，那好，早晚你会连本带息一块给。巴西还倾向劳工保护，员工有证据的主张通常都会兑现。

在国内工作时，银行对信用卡套现问题十分头疼，一度停止使用无线POS机，而巴西遍地都是移动POS机，动歪脑筋的人要少些，当然巴西的信用卡问题也不少。对待上级交办的工作，有些中国人能应付则应付，巴西人则超出你的期望。虽然有的也会文不对题，但你会发现他们起码是认认真真的，你都会觉得可以不用这么麻烦。有一次，我让巴西同事统计一下食堂餐具的数量，食堂容量也就30人左右，我认为很简单的事但他们郑重其事地发给我一封邮件，对各种餐具都拍了照并标明了

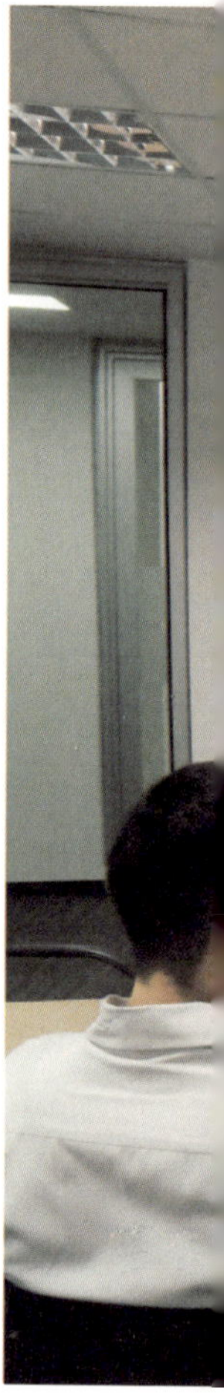

■ 中巴文化课

数量，残次品也做了说明，甚至不一样的筷子和勺子也都分开统计，让我啼笑皆非。

写这些不是说我认为谁的文化优劣，而是说两者确实不同。既然我们来到巴西设立公司创业，那还是要按照巴西的规矩来，积极融入巴西的文化，所谓“在什么

PREFEITURA DE
SÃO PAULO

■ 驻巴西的中国银行每月集中为员工过生日

山唱什么歌”。你如果排斥当地文化，就不会融入其中，就不能感受和判断巴西市场风吹草动的动因及走向。文化有差异，人也有差异，同样的问题如果在当地公司内部可能是小事一桩，而在外资公司有可能因为文化敏感被放大其影响。

三国时期，诸葛亮出兵南蛮，将当地酋长孟获捉住七次，放了七次，使他真正服输，不再为敌。清朝魏源是拥有当时第一流西方知识的大学者，他编成《海国图志》100卷，广泛介绍西方知识，并提出“师夷长技以制夷”的思想，试图吸收西方先进技术，使中国富强起来。这两个案例都是强调要融合，才能为我所用。在巴西的土地上办企业，聘请当地的员工，你如果实现不了文化融合和求同存异，做不到使当地人心悦诚服，而是处处看不顺眼，处处想着转变他们，把国内的做派带到巴西，可以料想这家企业早晚

■ 喜爱中国的巴西少年

■ 游玩的巴西人

会付出惨痛的代价。狡黠的巴西人不能左右你的决策，但肯定能想办法证明你的决策是错误的。

而外派的人如果没有宽阔的心胸以及跨文化的思维，缺乏理性思索与实践，不能将上级的战略适应性地在当地落地，不断重复昨天的故事，不撞南墙不回头，甚至与巴西人“斗智斗勇”，那最终的结果只能是搬起石头砸自己的脚。

后记

1941年奥地利著名作家、小说家、传记作家斯蒂芬·茨威格的《巴西：未来之国》出版。基于作者特殊经历的强烈对比，感性地将巴西的明天描绘成人类文明的希望，“未来”被理解为一种人道主义精神，是一种自由、平等、博爱的现实版本，据称目前该书仍是了解巴西的最佳书籍。然而，1942年作者自杀了，如果他活到今日，不知对比曾经失望的“精神故乡”——欧洲，又会做何感想？

巴西是一个矛盾混合体，多种族、贫穷与富裕、精英与文盲、职务腐败与暴力犯罪、现代与落后混杂；这里少有种族歧视，穷人可以与富人共享一片海滩，无家可归者在最繁华的地段露宿；原始部落的生存环境得到保护。这种混杂既是历史的交融，也是一种自由而又无奈的融合。我们在不知道起早贪黑谋生活是为了什么时，巴西人已经在努力地享受生活。每当你看到最底层的从业者下班后穿上艳丽的服装，你会觉得他们追求美好的心是那么正能量。巴西人很自然地就能参与别人的互动，经常可以感受到震撼人心的力量。听老侨讲，巴西几十年来基本上没变样，通胀汇率倒是起起伏伏，有

TRIBUNAL REGIONAL FEDERAL
Av. Paulista
CAMINHÕES
2ª a 6ª
Sábado
VIA RESTRITA
Nikon

奥运宣传活动

时还感觉是在原地打转，这就是我们常说的“中等收入陷阱”吧。

现在巴西金砖褪色的言论甚嚣尘上，甚至被冠以“问题丛生的国家”。到底是何根本问题导致了巴西头也不回地一路走低？回答这一问题估计是仁者见仁智者见智，但关键是这些问题与麻烦是现在才有的吗？还是积重难返？

——税收竭泽而渔，很少有人能真正搞清楚各税种以及繁杂的解释，甚至政出一门也有前后矛盾的时候，随意性很强，导致偷税行为习以为常，扩大再生产意愿降低。巴西消费者至少得支付高达商品价格3成的消费税。企业要面对联邦、州和市征收的88种税，政府部门每天大约会发布近50项新的税收规定。有人测算1000雷亚尔的外国供应商产品，最后可能会变成2017雷亚尔，其中有900雷亚尔的税。

——巴西全国各州各自为政，没有统一市场，政策税收法律各不相同，资源要素缺乏流动性，市场这只“看不见的手”作用有限。

——重视劳工友好，法律偏向劳工，劳工官司基本以资方赔钱了事，人不是最大的

后记

■ 各类社会冲突会长期存在

资本而成了最大的成本，不仅职位能升不能降，收入同样也如此，因此除非非常必要，各机构宁愿不雇人，导致社会生产率低，失业率高。

——国家收入不高，但支出不少，收入如第三世界国家，福利如发达国家，特别对吃财政的公务员阶层更是站在了社会的顶层，导致入不敷出，寅吃卯粮。

——过度依赖大宗商品，在价格上涨卖方市场时，没有忧患意识且过于乐观，一定程度上掩盖了矛盾，错过了产业调整的最佳阶段。

——高失业率以及贫富差距过大，导致治安环境恶化，降低了巴西人民的生活品质，增加了社会成本，也成为投资人和外来游客却步的原因之一。

这些情形是问题产生的原因还是问题导致的结果？巴西有过发展的黄金期，好的发展表象麻痹了进取意识。产业没有得到优化，导致竞争力弱化，出口萎缩只能依靠低端初级产品。由此税源匮乏，财政基础薄弱，使得保证高社会福利捉襟见肘，不可持续，也无法加强基础设施建设。政府投入不足也使就业率不高，不断增加的失业人口加剧了治安恶化。为解决困局而增加税负，以减少政府赤字，控制巨额外债，却使物价高涨，通胀恶化。为抑制通胀不得不提高利率，却又伤害了实体经济，同时造成热钱涌入，汇率由此提升更加影响出口。为对付国际热钱，不得不调降利率，由此又造成国内货币流动过剩，货币贬值，通胀恶化。而2016年利率达到了14.25%，而雷亚尔又大幅贬值。巴西就在这样的状况中打转，为解决一个问题，又加剧了另一个问题，常常先是手足无措、慢慢举步维艰，随之每况愈下，然后是雪上加霜，最后是一蹶不振。

我很欣赏巴西库里奇巴原市长的话："我们不能为了解决一个问题，而引发更多的问题，要努力把所有问题连接成一个问题，用系统的眼光去对待，用综合规划的办法去解决。"我也想提出些方法，但是还是大段地删除，我不想被别人认为站着说话不腰疼，也不可能越俎代庖。我相信巴西的精英层应该能想到解决办法，关键是沉疴需用猛药，要有刮骨疗毒和壮士断腕的决心，在决策层面议而能决，在执行阶段不打折扣快速落地。

而从另一方面说，所谓多难兴邦，我们是遭受自然灾难多，而巴西是遭受"人祸"灾难多，在付出足够的学费后应该可以找到适合自己的发展道路。现在发展慢了就是少卖一些资源，也难说不是好事。好在巴西人天生乐观，让他们宣泄够了，路还要继续走。

而我作为旁观者注定此生与巴西结缘。巴西除了离家远点、物价高点、治安差点之外堪称完美。梁园虽好非久恋之乡，今后不管在哪，巴西都会牵动我的神经。